Gunhild Thalheim
Ohne Strom nix los?

Gunhild Thalheim

Ohne Strom nix los?

Rediroma-Verlag

Bibliografische Information der Deutschen Nationalbibliothek:
Die Deutsche Nationalbibliothek verzeichnet diese Publikation in der Deutschen Nationalbibliografie; detaillierte bibliografische Daten sind im Internet über http://dnb.ddb.de abrufbar.

ISBN 978-3-96103-220-4

Umschlagillustration: Gunhild Thalheim

www.rediroma-verlag.de
8,95 Euro (D)

Inhalt

CONNI
FIONA
FINN
JLKA
FABIAN

1. Kapitel: Sonntagmorgen ohne!

Hallo, du! Soll ich dir mal erzählen, was letzten Sonntag bei uns abging? Das glaubst du nämlich nie!! Wird `ne längere Geschichte. Und sie ist wahr!! So wahr ich der Finn bin und in genau dreiundsiebzig Tagen zehn werde. Was, ich soll schwören? Mach ich doch glatt.- Übrigens, wir wohnen in einem kleinen Nest ziemlich mitten in Deutschland. Ja, stimmt! So 'n Kuhdorf. Aber ein nettes Kuhdorf! Okay, kann ich anfangen?

Strom? Kommt aus der Steckdose. Logisch! Weiß doch jeder kleine Pupser!

Deswegen haben wir in allen Steckdosen eine Kindersicherung. Als Fabian zwei war, wollte er mit tausend spitzen Sachen in die beiden kleinen runden Löcher reinbohren. Er fing jedes Mal laut an zu schreien, weil das nicht ging. Wegen diesem Plastikteil davor. Jetzt brauchen wir die Dinger längst nicht mehr. Mit sechs Jahren ist sogar Fabian schlau genug für so was Gefährliches.

Ach ja, also der Strom. Aus der Steckdose, klar! Und wenn du den Lichtschalter anknipst.

Heute Morgen war da aber null. Tote Hose sozusagen. Mir hätte das auffallen müssen, weil mein Radiowecker nicht Punkt zehn vor sieben losgequäkt hat. Tja, Sonntag ist Ohne-Wecker-Tag.

Dafür zupft um Punkt fünf vor sieben jemand an meiner Bettdecke. „Finn! Bissu wach?"

Hartnäckigstes Bettdecken-Zupfen.

„Nee", knurre ich. Kleine Cousinen sind nervig hoch hunderttausend.

„Bissu wohl! Mir is laaaangweilig!" Wie kann man mit fünf noch so ′ne Piepsstimme haben?

Ist also nix mehr mit Schlafen. Denn eine zweite Nervensäge taucht auf, hinter der ersten.

„Hab Hunger. Mamsi schon wach?"

„Nee", knurre ich, obwohl mir nach Losbrüllen ist.

Kleine Brüder kann leider keiner eintauschen.

So ′ne Knalltüte wie meinen will sowieso keiner. Außer Mama und Paps. Jedenfalls meistens.

„Komm gleich", brumme ich. „Muss kurz pinkeln." Ich schlurfe ins Bad, schließe mich ein.

Das süße Cousinchen tappt mir womöglich bis ans Klo hinterher. Also süß ist die Lütte wirklich.

Paar Jahre weiter ist die der absolute Hingucker. Jede Wette! Hab schon überlegt, ob ich sie irgendwann heirate. Aber Cousinen ist glaub ich nicht okay??

Lautes Klopfen. „Finn? He! Bissu reingefallen?"

„Komme!" Ich lasse kurz die Spülung rauschen, kippe drei Hände voll Kaltwasser an meine Augen.

Hinter mir patschen vier nackte Zwergenfüße die Treppen runter.

Upps! Wie sieht das denn aus? Küchenchaos hoch hundert! Ist mächtig spät geworden letzte Nacht?

Klar, man wird nur ein einziges Mal vierzig. Puh! Ob ich mal sooo alt werde?

Wir drei Großen durften aufbleiben, - fast bis Mitternacht. Wie lange das wohl noch weiterging?

Aus seiner Schlafecke streckt sich uns Dago, der Appenzeller-Sennenhund, entgegen. „Wuff!“, macht er und lässt Ilkas stürmische Umarmung gelassen über sich ergehen. Dann hat er es sehr eilig.

„Mach ihm mal auf, Fabi!“, sage ich. - „Immer ich!“ Brummend tappt mein Bruder zur Terrassentür.

Ich blinzle zur Digitaluhr an der Mikrowelle. He, da ist alles dunkel. Auf der Küchenuhr über der Tür ist es jetzt genau 7:20. Ich gähne verstohlen. Soll ich Fiona wecken? Mama hat gar keinen Zweck. Und Paps? Nee, der hat Geburtstag. Mit vierzig muss er mindestens bis zehn seine Altersruhe haben. Also darf meine Lieblingsschwester heute Frühstück machen. Und das Geburtstags-Chaos aufräumen?? Ich schicke Fabian hoch. Er ist ein besserer Aufwecker. Den Wasserkocher kann ich schon mal anmachen. Ich lasse ihn halbvoll laufen. „Willst du Himbeertee, Ilka?“ Meine Krächzstimme klingt zuckersüß.

„Him-beer-tee?“ Das Piepsstimmchen zieht das Wort in die Länge wie Kaugummi. Dunkelblaue Kulleraugen strahlen mich an. „Oh, lecker Himbeeren!“ Dieses süße Biest verzieht die kirschroten Lippen. Ich greife nach der Teepackung im Regal. Zupfe einen Beutel raus, angle nach einem bunten Kinderbecher. „Marienkäfer! Bitte!“ Auch noch Sonderwünsche! Na, Besuch ist Besuch. Gönne ich ihr die Marienkäfertasse. Fiona nimmt die längst nicht mehr. Und Fabian steht momentan auf den blauen Elefanten.

Ich drehe mich zum Wasserkocher um. Das Wasser müsste inzwischen sprudeln. Tut es aber nicht. Es ist noch leitungswasserkalt. He, wieso blinkt da nix rot? Ich starre den Wasserkocher wütend an. „Mach hin, du!“ Macht er aber nicht. Er macht überhaupt nix. Blödes Teil! Ilka-Cousinchen will Himbeertee. Und zwar sofort!

„Kaputt?“ Die Kulleraugen schauen fragend.

„Weiß nich“, brumme ich. So ′n Mist!

„Fio will nich aufstehn, Manno!“ Mein Brüderchen ist kurz vor seinem ersten Morgen-Schreianfall.

„Hab Hunger! Mach du was, Finn!“ Kein `Bitte′! Dann halt nicht, verzogenes Bürschlein, ärgere ich mich und muss mich zu honigsüßem großen Bruder zwingen.

„Willste auch Himbeertee?“ Aaaah, Trottel! Ohne heißes Wasser???

„Ich mach euch Kakao, ja?“ Schon greife ich nach der Milchtüte neben dem Kühlschrank.

„Au ja, Kakao!“ Die Zwerge sind sich direkt mal einig.

Ich hole die Kakaopackung aus dem Schrank, dazu zwei Plastiklöffel. Fabian verlangt den Spongebob- Becher.

Nanu? Heute kein blauer Elefant? In jeden Becher einen gehäuften Esslöffel vom braunen Pulver, Milch hinterher, umrühren, fertig!

„Fertig!“ Mit sanftem Schwung schiebe ich die Becher über den Küchentisch.

„Der is kalt!“ Fabians hellgraue Augen funkeln mich empört an. „Kalt schmeckt eklig, Manno!“

„Kalt schmeckt leeecker, Doofi!“ Ilka leckt sich den braunen Rand von den Lippen.

„Will heiße Schoki. Mit Schaum!“ Fabians Mund zuckt verdächtig. Oh, bitte kein Geschrei, Kleiner!, flehe ich lautlos. Stelle seinen Becher in die Mikrowelle. Nanu? Die macht keinen Mucks. Na, dann nicht!! Ich schalte die kleine Herdplatte ein, hole den kleinsten Topf aus dem Unterschrank, kippe die Milch rein. „Kriegst ja heiß, Kurzer“, sage ich über die Schulter. Auf schön heißen Kakao habe ich auch Appetit. Langsam lasse ich die Milch einlaufen und angle in der Schublade nach dem Rührgerät.

Okay, wenn schon schön heiß, dann mit richtig viel Schaum. Stecker rein und abwarten, bis die Milch die ersten Blubberblasen wirft. Tut sie aber nicht. Gar nix passiert. Vorsichtig ziehe ich das Töpfchen ein wenig von der heißen Herdplatte. Upppsi! Da leuchtet kein roter Ring. Wie tot ist die Platte. Ich versuche, mein Gehirn einzuschalten. Was soll das jetzt? Wasserkocher streikt. Herdplatte will nicht heiß werden. Ich schalte das Rührgerät an. Versuche es jedenfalls. He, auch so was von tote Hose!

Ich fluche laut. Der Sicherungskasten im Keller fällt mir ein. War nicht eben noch die Spiegelleuchte im Bad ganz normal angegangen?

„Bin gleich wieder da. Seid bloß leise!“, motze ich die Kleinen an, die mir erstaunt hinterherschauen.

Im Keller ist es stockduster. Da nützt auch kein Lichtschalter. Ich taste mich die Treppe wieder hoch. Die Taschenlampe? Äh, die muss links neben dem Fernseher liegen. Tut sie aber nicht.

„Fabi, wo ist die Taschenlampe?“, ranze ich ihn an.

„Weiß nich, Finn. Ehrlich!“ Oh, bitte, süßer Bruder, fang jetzt nicht auch noch dein Gebrüll an!

Meine Hektik wirkt Wunder. Eingeschüchtert lauschen die beiden meinen schauerlichen Flüchen.

Kerzen? Klar! Im Wohnzimmer. Auch Streichhölzer finde ich auf Anhieb. Nach dem dritten Versuch flackert ein zaghaftes Flämmchen. Zu dritt lassen wir uns den Weg in die finstere Tiefe leuchten. Sollen sie halt mitkommen und mir die Kerze halten. Ich kann kaum was erkennen bei der schwachen Funzel. Doch so viel sehe ich: Alle Sicherungen sind okay. An denen kann es nicht liegen.

‚Schon mal was gehört von Stromausfall?′, wispert mein inneres Stimmchen.

Mensch, Junge! Was soll das sonst sein? Der Strom ist weg. Ganz einfach weg!

„Tja, Leute, dann muss der Strom weg sein.“ Meine Stimme klingt reichlich schräg.

„Ist das schlimm?“ Das Piepsstimmchen wackelt verunsichert, die Blauaugen schauen ängstlich zu mir auf.

„Quatsch! Der kommt gleich wieder. Jede Wette!“ Ich dränge die Lütten dem Tageslicht entgegen.

Langsam wird es heller. Die Sonne steigt über die Hausdächer.

Jetzt mal ehrlich: Du wärst sofort drauf gekommen? Dass der Strom weg ist, meine ich. Tja, bei Finn dauert so ′n Geistesblitz halt länger. Das wirst du schon noch merken. Du willst wissen, wie ′s bei uns weiterging? Na, prima!

2. Kapitel: Strom? Der elektrische?

Ohne zu murren, trinkt Fabian seinen kalten Kakao aus und futtert ein halbes labberiges Körnerbrötchen von gestern mit dick Nutella. Ich muss ihm vorher erklären, dass man ohne Strom den Backofen nicht anheizen kann.

„Ach soooo. Dann is nix mit Brötchen-Aufbacken!“, meint er sachlich. Na, bravo. Geht doch, Kleiner!

„Der Toaster ist auch mit Strom“, weiß Ilka. „Mama macht immer den Stecker rein. Dann wird er innendrin rot. Und doll heiß. Darf ich nicht anfassen. Niemals, gell?“

„Fünfhundert Sonderpunkte, Ilka!“ Das ganze runde Gesichtchen lacht bei meinem Lob.

Mir ist der Ohne-Strom-Schock auf den Magen geschlagen. Hunger gleich null. Nicht mal mehr auf heiße Schoki oder so was. Was ist wohl passiert? Am Sonntagmorgen kann man doch nicht einfach dasitzen ohne den verflixten Strom!! Ich überlege blitzschnell, was sonst noch ausfällt. Also der Föhn, fällt mir ein. Wenn Fiona sich ihre langen Lockenhaare trocknen will. Das Bügeleisen? Nee, braucht heute sowieso keiner. Der Rasenmäher? Quatsch! Heute mäht Paps bestimmt nix.

Außerdem ist der Sonntagsstrom bald wieder da. Spätestens genau wenn Mama in die Küche kommt zum Kaffeemachen. Sobald der Besuch Rühreier zum Frühstück will. Ist ja noch nicht mal acht Uhr. Beim Gedanken an weiches Rührei mit hauchdünnem Kochschinken meldet sich mein Morgenbauch doch. Ob ich mir schon mal fix ein nettes Schinken-Spiegelei in die kleine Pfanne haue? Hahaha, Finn-Dussel! Träum schön weiter! Auf der kalten Herdplatte? Oder draußen auf den lauwarmen Steinen in der Aprilmorgensonne??

„Könnt ihr ganz leise sein?“, frage ich die Lütten, damit die oben alle noch weiterschlafen können.

„Ganz, ganz leise? Können wir, gell, Fabi?“ Ilka nickt ernsthaft. „Dürfen wir KIKA gucken?“

Ich winke die beiden ins Wohnzimmer. Erwartungsvoll hocken sie dicht nebeneinander auf dem breiten Fernsehsessel. Ich greife nach der Fernbedienung. `Ätsch! Ätsch!´, macht der Bildschirm. `Ohne Strom nix los´, oberschlauer Finn!´ Uppsi! Ich grinse die Zwerge entschuldigend an. „Geht ja leider auch nicht. Pardon! Hab ich nicht dran gedacht.“

„Braucht auch Strom, gell?“ Ilka kichert vergnügt über ihre clevere Idee.

Mein Bruder ist dichter als dicht vorm Losbrüllen. „Wir wollen Wickie gucken! Blöder doofer Strom!“, motzt er mich an.

„Wenn er nicht da ist aber nur“, entschuldige ich den Strom, der ja im Moment wirklich alles andere als da ist. „Und ich armer Finn kann noch nicht mal was dafür, geliebtes Bruderherz“, nuschele ich, bevor ich fast platze.

„Er soll wieder da sein!“, ruft Ilka. „He, du Strom, wo bist du?“

Ich schnipse mit den Fingern. „Hokus-Pokus-Trallala! Du netter Strom, sei wieder da! Hex-Hex!“

Kreischend wiederholt Ilka meinen Zauberspruch und klatscht laut dazu.

„He, mach ´s ruhig! Weckst ja alle auf.“ Ich fasse sie an den schmalen Schultern.

„Wenn schon! Ohne doofen Strom sollen die nich mehr schlafen“, posaunt Fabian los.

„Die können euch den Wickie-Strom auch nicht beizaubern, ihr Mäuschen“, stelle ich klar.

„Sind keine dummen Mäuschen“, protestiert mein Cousinchen energisch. „Wollen Strom!“

Das Stimmchen überschlägt sich fast.

Mama peilt in die Küche. Puh! Schlimm zerfeiert sieht sie aus! Kriegt kaum die Augen auf.

„Was ist los? Müsst ihr solchen Höllenkrach machen, Leute? Am heiligen Sonntagmorgen!“ Sie zieht Ilka-Schätzchen in ihre Tantenarme.

„Müssen wir, Mamsi!“ Fabian blitzt sie triumphierend an. „Das glaubst du nämlich nich!“

„Der Strom, Franzi!“, sagt Ilka wichtig.

„Hä? Welcher Strom?“ Unsere ärmste, schlimm zerfeierte Mutter kann noch nicht richtig denken.

„Der Strom halt, Mamsi“, helfe ich ihr. „Weg ist er. Einfach so!“

„Der … Strom? Der elektrische, meinst du?“ Mama schaut mich an wie einen bösen Geist.

„Äh? Welcher wohl sonst?“, frage ich verdattert. Richtig! STROM ist ein Teekesselwort.

Aber der breite Wasser-Strom, der irgendwann ins große Meer fließt, nützt uns heute Morgen erst recht nix. Wir brauchen tatsächlich diesen wunderbaren elektrischen, und zwar dringend!

„Einfach weg?“, nuschelt unsere Mutter in ihren Bademantelkragen. „Nix also mit Kaffee, ja, ja …“

„Nein, nein, meinst du, ja?“ Ich muss plötzlich losprusten. Irgendwie komisch ist das, wenn plötzlich nix mehr normal funktioniert. Nur weil kein Strom da ist. Kein elektrischer jedenfalls. Hahaha!

„Seit wann?“ Mama stupst mich an. Ich rechne kurz. „Vielleicht so ´ne halbe oder ´ne ganze Stunde? Um Punkt sieben war er noch da. Glaub ich.“

„Wann er wohl wiederkommt?“, murmelt sie und guckt sich suchend um. „Passt wie geschmiert, wenn das Haus voll Besuch ist, Kinder. Oh je, und diese Geschirrberge! Diese vielen Gläser! Und keine Spülmaschine! Verflixt aber auch! “

Da müssen wir ihr allerdings Recht geben. Denn es dauert keine zehn Minuten, bis dieser Besuch in der Küche erscheint. Zuerst unser Cousin, der liebe Conrad. „Pech für uns“, meint er ganz cool zum Thema. „Wird schon irgendwann wieder da sein, gell?“

„Kein Rührei, Conni, gell?“ Warum fordert der Kerl mich eigentlich dauernd zum Lästern raus mit seinem albernen Bayerisch?

„Schmarrn! Ich steh eher auf Fünf-Minuten-Ei“, grinst mein Lieblingscousin mir ins Gesicht.

„Geduld, ihr Schätzchen! Ewig kann ´s nicht dauern. Und - wupps - fließt unser Strom völlig normal weiter.“ - `Tja, wenn du dich da mal nicht täuschst, Mamsilein´, denke ich.

Nach noch mal zehn Minuten erscheint unser Vierzigjähriger. Die kurzen Haare wüst verstrubbelt. Die winzigen Augen rötlich.

Meine Flüche über den nicht vorhandenen Sonntagmorgen-Strom waren harmlos gegen das, was unser Vater vom Stapel lässt. Hastig stürzt er ein Glas kaltes Leitungswasser in seinen Hals und rennt davon. „Muss nach den Sicherungen gucken“, hören wir noch.

Ich rufe ihm hinterher: „Haben wir schon. Ist nix zu sehen.“ Er muss sich selber überzeugen. Kommt aber noch kurz zurück und greift auf das Regal. Uppsi! Die Taschenlampe! „Da hättest du sie auch finden können, Junge“, ärgere ich mich stumm und schiele zur Kerze, die still vor sich hin flackert.

Nach keinen zwei Minuten keucht Papa wieder zu uns. „Stimmt, mein Großer!“ Er wuschelt zerstreut durch meine Haare.

„Was gibt das jetzt, Schatzi?“ Irritiert sieht Mama ihm hinterher, als er nach seiner Jacke greift.

„Ich frag eben drüben bei Schneiders, ob die was wissen.“ Weg ist er. Nach genau elfeinhalb Minuten poltert er durch die Haustür. „So ′ne elende Sauerei! Mitten im Ort. Ein defektes Kabel. Kann dauern. Womöglich bis zum Nachmittag? Oder Abend!“

Uns bleibt der Mund offen. „Bis … zum … Abend? Ich fasse es nicht. Soll das ein Aprilscherz sein?“ Mutters Augen werden unnatürlich groß vor Entsetzen.

„Ja, äh ... nein!“ Unser Vater sieht uns der Reihe nach mit ernster Miene an. „Tja“, meint er betreten. „Ein ganzer Tag ohne unseren gewohnten Strom. Das könnt ihr euch nicht vorstellen, oder?“

Und das ausgerechnet an einem heiligen Sonntag! Der Wahnsinn! Das muss man sich mal vorstellen!

„So ein Schmarrn, Leute!“ Das ist Conrad. - „Schmarrn hoch zehn!“ Das ist Mama.

„Geht jetzt die Welt unter?“ Fabian verzieht die Mundwinkel. Nach unten.

„Sei bloß still!“, zische ich ihm ins Ohr. Und, - oh Wunder, - er beruhigt sich sofort, mit einem schiefen Blick zu seinem Vater.

Dafür schreit jemand umso schriller durchs Treppenhaus. Der Föhn geht nicht, wetten? Ich grinse breit. Fliege die Stufen hoch. Fassungslos starrt meine Schwester mich an, als sie hört, was los ist. „Das ist jetzt ´n Gerücht, ja?“, meckert sie. „April-April war gestern, he!“ Als ob ich was dafür könnte, blöde Nuss!, grummle ich wütend. „Nix Gerücht!“, sage ich deutlich. „Unser Strom ist heute mal weg. Einfach weg, weißte! So was soll ´s leider geben.“

„Ah ja. Und wann isser wieder da, he? Weißte das auch?“ Sie klatscht mir ihre nassen Strähnen ins Gesicht.

„Gegen Abend. Vielleicht?“ Ganz locker wische ich mir die Tropfen mit dem Ärmel ab.

„Abend? Spinnst du? Das geht ja so was von gar nicht!“ Sie läuft feuerwutrot an. Schon zerrt sie das große pinke Badehandtuch vom Regal. Für ihren Spezial-Fiona-Turban. „Einfach mal so weg! Ich krieg die Krise!“ Prüfend betrachtet sie ihren Kopfputz im Spiegel. „Die Sonne wirkt besser als jede Frisörhaube“, beschließt sie und stolziert zur Treppe. Ich kann nur tief Luft holen und hinter ihr her schauen. Große Schwestern! Schlimmer geht ´s nimmer! Würde mal sagen so bei hoch hundert!

Geht's wirklich nimmer schlimmer? Oh, leider doch! Warte es nur ab. Du wirst dich noch wundern! Oder können deine Geschwister auch so herrlich bekloppt sein? Aha! Tust mir voll Leid! Kannst ja auch nix für deine 'liebe' Familie.

MEHL
ÖL
Salz

3. Kapitel: Ein verspäteter April-Scherz?

Tja, schlimmer geht ´s allerdings! Wie dieser Ohne-Strom-Sonntag bald zeigt. Schuld ist erst mal der Kaffee. Upps! Der fehlende, meine ich. Wenn Große zu lange gefeiert haben, brauchen sie zuerst einen Kaffee, in dem der Teelöffel senkrecht steht. Weiß ich von Papa. Und besonders heiß muss dieser erste Kaffee sein. Tja, immer gut, man hat einen größeren Cola-Vorrat im kühlen Keller. Vor allem nach so einer kurzen Nacht, haha!

„Nein! Richtiger Kaffee ist richtiger Kaffee!“, meint unser Onkel, der gerade als Letzter aus dem Bett gekrochen ist. Ein leidenschaftlicher Kaffee-Fan, wie seine Frau Tina ihn wieder mal neckt. Sie gähnt und zuckt die Achseln. „Den Schönheitsschlaf vor Mitternacht kann der beste Cappuccino dir nicht ersetzen, Liebling.“

Nee, kann der wohl nicht. Das kriegen zuerst wir armen Kinder zu spüren. Zerfeierte Eltern ohne heißen, teelöffelstarken Kaffee sind nervtötend hoch zweihunderttausend! Sozusagen unausstehlich.

„Wie lange ist er schon weg?“, will Onkel Hauke wissen.

„Der Strom, meinst du?“ Paps sieht mich fragend an, denn Mama hat ihm erzählt, wer den Stromausfall als Erster bemerkt hat. „Da musst du den Finn fragen, Bruderherz.“

Der Finn gibt gerne ein viertes Mal Auskunft. Und kommt sich vor wie Einstein persönlich.

Aber leider ist der Finn halt nur der Finn und kann keinen Strom beihexen.

Warum bin ich eigentlich in unserer Familie seit Ewigkeiten nur `der´ Finn? Weil mein Name so kurz ist? Auch meine zwei allerbesten Freunde heißen bei uns immer `der Max´ und `der Tom´.

Bei Fi-o-na und Fa-bi-an, nicht mal bei Con-rad und Ilka, kommt jemand auf diese blöde `der´-Idee. `Der Conrad´! Klingt doch voll bescheuert. Na gut, ´der´ Finn hat sich mittlerweile an seinen Doppelnamen gewöhnt. Solche Nebensachen zählen heute nicht. Diese verflixte Hauptsache ist es, an die wir uns schnellstens gewöhnen müssen. Kaltes Frühstück ist erst der Anfang dieser Hauptsache.

O-Saft statt Kaffee. Aus der Supermarkttüte statt frisch von Mama gepresst, mit der neuen elektrischen Saftpresse. Jeder kaut an seinem Labberbutterbrötchen oder an der weichen Marmeladen-Toastscheibe wie an einem übergroßen Stück Leder. Trotz leckerem Käse und der verlockenden Wurstplatte sieht keiner nach richtiger Sonntagsfreude aus. Paps und Hauke brauchen erst mal dringend saure Gurken. Direkt aus dem Glas.

Fiona meint total naiv: „Warum hast du die weichen Brötchen nicht in die Mikrowelle gelegt, Mamsi?“

„Au ja! Feine warme Semmeln!“ Ilka klatscht vergnügt. „Gibt ´s in München immer. Jeden Tag.“

Fabian guckt mich groß an. Wir müssen beide albern gackern.

„Bingo! Morgen zum Frühstück!“, gluckse ich. „Wenn er bis dann wieder da ist.“

„Wieso?“, machen Fiona und Ilka gleichzeitig. Weiberleute! Keine blasse Ahnung von einfachster Technik!!

Mein Bruder schiebt seinen Semmelrest verächtlich zur Seite. „Kann ich Haferflocken?“

„Au ja! Haferflocken!“, echot Ilka. „Mit Kakao, gell, Mama?“ Tina nickt großzügig.

„Kein Problem!“ Mama holt Kakaodose und Haferflockentüte aus dem Schrank. Ilka rutscht von der Eckbank und guckt zu, wie ihre Franzi-Tante die Haferflocken in zwei Schälchen kippt. Beim Kakao muss sie unbedingt helfen. Ihre Mutter hebt sie zu sich auf die Eckbank und beobachtet, wie die kleinen Hände den vollen Kakaopulverlöffel über ihre Haferflocken balancieren. Hupps! Erschrocken sehen Mutter und Tochter, wie in Zeitlupe der Löffel kippelt, das braune Pulver langsam rieselt. Aufs rote Polster. „Ach, Schätzchen! War das nötig?“ Tinas Augen rollen, Ilka-Schätzchen guckt mehr als zerknirscht.

„Macht nix, Süße! Das saugen wir gleich weg.“ Unsere Mutter sieht das locker. „Hol bitte kurz den Staubsauger, Schatzi!“ Der Schatzi-Paps guckt irritiert.

„Hihi! Ohne Strom!“ Fabian gluckst. Mama schlägt sich vor die Stirn. „Hab ich glatt vergessen. Dann her mit dem Kehrblech. Alles gründlich saugen kann ich später. Auch eure Brötchenkrümel.“

Ach, arme Mamsi! Ich flitze zum Besenschrank. Spiele heute mal den Kakaopulver-Aufkehrer. Aber nur für Ilka-Schätzchen, gell? Wäre das meinem Lieblingsbruder passiert, der hätte selber aufgekehrt. Garantiert!

Mama wedelt mit einer Banane. „Wer mag Obst?“ Dabei guckt sie mich an. Den Obstmuffel. Wegen der Vitamine! „Soll ich euch ein Stück an euer Müsli schneiden, Ilka?“

„Bananen mag sie nur als Bananenmilch“, erklärt Tina. „Oder mit Naturjogurt.“

„Im Mixer! Lecker! Machst du mir eine, Franzi?“ Die Blauaugen leuchten.

„Äh, ja klar! … Äh, nein, Süße. Der geht auch nicht ohne Strom, weißt du. Tut mir leid.“

Mir tut´s kein bisschen leid. Mit Bananenmilch kann man mich nämlich jagen. Wenn Obst, dann höchstens ´nen Apfel und Orangen oder Mandarinen.

Von außen wird ans Fenster geklopft. Lisbeth, unsere Nachbarin, winkt mit einem gewaltigen Blumenstrauß. Fabian flitzt zur Haustür.

„Pardon! Ich will euch nicht beim trauten Familienfrühstück stören.“ Schon hängt die Liesel unserem Vierzigjährigen um den Hals. „Häbbi Börsdäh, alter Bjöhööörn …“, singt sie schallend und etwas schräg. „Ich hab geklingelt. Sogar drei Mal. Habt ihr nur nicht gehört.“

Uppsi! Funktioniert unser Gong auch nur mit Strom?

„Ja, bei uns bleibt heute auch alles kalt, wie ´s aus dem Kühlschrank rauskommt.“ Frau Lisbeth verdreht die Augen zum Himmel. „Prima, dass ihr im Garten grillen wollt. Da schlagen wir dem Strom ein Schnippchen, sozusagen. Der Kartoffelsalat steht auch schon fix und fertig. Wann soll ´s denn eigentlich losgehen?“

„Gegen ein Uhr? Ja, Schatzi?“, schlägt unsere Mutter vor. Der Vierzigjährige nickt und ruft erschrocken: „Oh! Kühlschrank?“ Er springt auf, öffnet hektisch die Kühlschranktür, schaut ins Dunkle. Logisch! Das hat er nur noch nicht gemerkt, unser uralter Paps. Eilig knallt er die Tür wieder zu. „Der Kühlschrank bleibt fest geschlossen, bis der Strom zurück ist. Kapiert?“ Das ist ein Paps-Befehl. Müssen wir alle strammstehen, oder was?

„Warum, Onkel Björn?“, will Ilka wissen.

„Weil sonst warme Luft reinkommt, Schätzchen.“ Papas angespanntes Gesicht leuchtet auf unter dem kritischen Kinderblick.

„Warum soll die da nicht rein, Mama?“

„Weil die Sachen da drin sonst zu warm werden. Und das wäre nicht gut.“ Tina guckt ihren Schwager fragend an. Der nickt bloß.

Aha! Darauf bin ich, der kluge Finn-Sohn, bis jetzt nicht gekommen. Superhirn Conni etwa?

„Oha!“ Jetzt klickt es auch bei unserer Mutter. „Was ist mit den Sachen unten in der Gefriertruhe? Die fangen doch an aufzutauen, oder?“

Tina winkt lässig ab. „Erst nach Stunden.“

„Ach so? Und wenn der Strom wirklich erst gegen Abend wiederkommt? Das sind Stunden, wenn ich richtig rechne, liebe Schwägerin.“ Mama fährt sich mit beiden Händen durch die Haare.

„Super!“, freut sich meine plötzlich überraschend pfiffige Schwester. „Das Stracciatella essen wir besser vorher auf. Weiches Eis schmeckt voll eklig, wenn es neu anfriert.“

„Au ja!“ Auch Ilka will Eis. Ganz viel! Und jetzt gleich! Paps sieht das ohne die übliche Eis-Diskussion ein. Zehn Kinderfüße folgen dem Schein der Taschenlampe die Kellertreppe runter.

Mit zwei fast noch vollen Eisbehältern und jeder Menge Eis-Appetit sitzen wir selten einträchtig um den Küchentisch. Fabian und ich sind mehr für das dunkelbraune Schokoeis. Die anderen drei lassen sich von Mama und Tina ihre Schälchen mit dem hellen Eis füllen. Ein paar Mal sogar. Die Großen gucken uns zu. Ein kleines bisschen neidisch? Nein, auf Eis steht heute keiner von ihnen.

„Mit heißen Kirschen schon eher“, seufzt Tina. Haha! Wie soll das gehen, geliebte Tante? Lieber gönnen sie sich den Rest aus der halbvollen Sektflasche und versuchen, in ihre Gesichter so was wie Fröhlichkeit zu zaubern. Das klappt halbwegs, wenigstens bei unserer Mutter.

Dago lässt sich von der allgemeinen Ohne-Strom-Unruhe anstecken. Unruhig knurrend wuselt er zwischen den ungewohnt vielen Beinen herum. Ilkas sanfte Händchen schaffen es am besten, ihn abzulenken. Ihre kleinen Finger kneten zärtlich sein Nackenfell. Das Lockenköpfchen kuschelt sich an die aufgestellten Ohren.

Die Männer beschließen, eine Runde mit dem Hund zu joggen. Als Kaffee-Ersatz und um nach der Stromkabelstelle zu sehen. Als sie zurückkommen, reichlich verschwitzt, mit krebsroten Gesichtern, berichten sie schnaufend und pustend. Die Männer vom E-Werk sind heftig bemüht, den Kabeldefekt zu reparieren. Das scheint ein größeres Problem zu sein. Wir können aufatmen, wenn heute noch alles in Ordnung kommt. Es wird ganz sicher Abend.

Kurze allgemeine Schweigeminute. „Puh! Ist wohl doch ein verspäteter Aprilscherz“, schnauft Mama.

„Ein wunderschöner Frühlingssonntag, - mal ganz ohne“, deklamiert Hauke.

„Euer Grill ist doch noch von der alten Sorte? Mit Holzkohle, meine ich. Ohne Strom?“ fragt Tina skeptisch.

„Siehste, Schatzi!“ Mama zwinkert unserem Vater zu. „Wer war gegen so ein piekfeines Ding von E-Grill? Den könnten wir heute haken.“

„Und Stockbrot rösten am Lagerfeuer“, grinst Conni.

„Aber hallo! Keine schlechte Idee, Neffe! Die könnte von mir sein!“ Papas Augen leuchten. „Wer ist dafür?“ Wir Kinder kreischen begeistert.

„Du darfst gerne den Brotteig kneten, Liebster“, schlägt Mama vor, augenzwinkernd.

„Wird gemacht. Kinderspiel! Her mit dem Mehl!“ Paps krempelt seine Ärmel hoch und langt nach der Rührschüssel. Fiona reißt die Schublade auf. „Darf ich Teig kneten, Papsi?“ Sie befestigt die Knethaken am Rührgerät. Paps sieht seine Älteste mit zusammengezogenen Augenbrauen an, sagt aber nichts. Er gibt Salz, Wasser und einen Schuss Sonnenblumenöl zum Mehl und hält Fiona die Schüssel hin.

Sie senkt die Knethaken hinein und will das Gerät einschalten. Passiert natürlich null! Aber das saublöde Gesicht meiner Schwester ist absolut filmreif, als Conni losprustet: „Ohne Strom nix los, gell, Cousinchen?“ Fiona läuft vor Verlegenheit knallrot an. Denn auch wir anderen können natürlich unser gemeines Lachen nicht verkneifen. „Ihr seid voll fies!“ Türenknallend verschwindet meine oberschlaue Schwester in ihrem Zimmer.

Conni und ich kneten den Teig mit allen zehn Fingern. Hätte ich gedacht, wie gut dieser Großstadt-Angeber einen Stockbrotteig kneten kann? Fabian und Ilka wollen naschen. „Igitt! Wie schmeckt das denn?“ Angewidert verziehen sie den Mund.

„Das Zeug esse ich nie im Leben“, protestiert mein Bruder.

„Abwarten“, meint Conni trocken. „Vielleicht geben wir euch nachher gar nix ab.“

Kannst du dir vorstellen, wie obergeil das ist? Mit allen zehn Fingern den dicken, klebrigen Teigklumpen durchkneten. Musst du ausprobieren. Unbedingt! Du lässt alle Knethaken der Welt in der Schublade verschimmeln. Oder einrosten. Ach so! Ist nix Neues für dich. Kannst mich total verstehen. Na dann!

4. Kapitel: Mitten im Krimi!

Diesmal wird an die Terrassentür geklopft. „Hallöchen! Hört ihr die Klingel nicht?“ Omama Uschi und Opa Stefan winken eifrig. Sie schmunzeln, als wir ihnen von unserem Stromproblem berichten. Das muss man sich mal vorstellen. Sie schmunzeln, als wäre das nix Besonderes, wenn wir ohne Strom dasitzen. Muss ich nicht verstehen, oder? Opa zwinkert der Omama zu: „Das kommt uns irgendwie bekannt vor, Liebes, nicht wahr?“ Und die Uschi-Omama zwinkert zurück. Aha! Gibt also einen Grund zum Schmunzeln? Wir rücken die Gartenmöbel in die Frühlingssonne und schleppen die knallbunten Sitzkissen raus. Warm wird es. Ist ja auch Frühling. „Wie schön, dass wir den elektrischen Heizstrahler nicht brauchen“, stellt Mama fest und bringt eine Wolldecke für die Beine von der Omama.

Genau! Heizstrahler ist auch so ´n Ding, das nur mit Strom funktioniert. Ich werde mir eine Liste machen: *„Was unbedingt elektrischen Strom braucht“*. Das Strom-Thema ist demnächst in Sachkunde dran. Passt doch wie geschmiert!

Statt Omamas geliebtem Yogi-Tee und Opas Latte Macchiato bietet Mama Sekt an. Die beiden hätten lieber stinknormales Wasser, frisch aus der Leitung. Dazu frisch aufgetautes Schokoeis für die Omama und Stracciatella plus Schoki für Opa. Mein verfressener Bruder will noch eine zweite Portion bei Omama mitessen und meint, er würde auch noch ′ne dritte schaffen. Das glaubt er kurz danach selber nicht mehr. Er verzieht das Gesicht, presst beide Hände auf den Sweatshirt-Superman, wird blass um die Nase. „Is was, Kleiner?“, mache ich mich lustig über die Fresstüte.

„Upps …“ Mehr schafft er nicht, bevor er am Spülbecken hängt. Das Nutellabrötchen-Haferflocken-Schokoeis-Gemisch klebt im Ausguss. Fabian würgt und würgt. Die Omama streichelt ihm den Rücken.

„Selber schuld, Kerlchen!“, denke ich schadenfroh.

„Mach ihm eine Wärmflasche, Franzi!“ Omama dreht sich zu Mama um. „Möglichst heiß bitte.“

Denn meinem Bruder schlottern die Knie und er klappert mit den Zähnen. Jetzt tut er mir direkt leid.

Grünlich-blass ist er unter den Augen und würgt weiter vor sich hin.

„Mach ich.“ Mama eilt, um die Wärmflasche aus dem Bad zu holen. Conni grinst ihr entgegen:

„Schön heiß, was?“ Er tippt sich an die Stirn. Mama schluckt. „Ach, verflixt! Wärmflasche mal kalt. Ach, Omalein …“

Das Omalein seufzt: „Jetzt fehlt uns der gute alte Kohleofen zum Feuermachen. Mein armer Kleiner!“

Sie wiegt Fabian in den Armen wie ein Baby. Mama greift nach seiner Hand. „Ab ins Bett mit dir! Warm zudecken und eine Runde Morgenschlaf machen dich wieder fit, mein Sohn.“ Ohne den üblichen Fabian-Schrei-Protest lässt er sich abschleppen wie ein Kartoffelsack.

„Spätestens zum Grillen isser wieder fit“, lästere ich und fange einen Rippenstoß von meiner Schwester und einen bitterbösen Blick von meinem Cousinchen.

„Du Brutali von einem Bruder!“, höre ich Fiona durch die Zähne zischen. Sie hält doch immer zu dem Kurzen. Egal, wie gierig-verfressen hoch zwanzig der ist.

„Ist bei euch auch der Strom weg?“ Ilka baut sich vor den Großeltern auf.

„Oh nein, Schätzchen. In unserem Dorf ist er noch da“, sagt Opa.

„So gemein, gell?“ Ilka guckt zornig. „Warum feiern wir nicht bei euch Geburtstag?“

Paps lacht: „Weil wir es ja schaffen werden, ein paar Stündchen ohne auszukommen, oder?“

Die runden Augen werden noch größer. „Ohne? Wieso, Onkel Björn?“

„Ohne was wohl? Wovon reden wir hier die ganze Zeit?“ Ihr Bruder macht einen auf obercool.

„Vom Strom. Von dem, der nicht da ist“, piepst Ilka und wundert sich über unser Lachen.

Omama zieht die Lütte auf ihren Schoß. „Ja, mein Mäuselein, der ist nämlich für uns sehr, sehr wichtig.“

„Weiß ich doch, Omilein.“ Ilka schaut sie ernsthaft an.

„Stell dir vor, in vielen Ländern bekommen die Menschen ihn nicht einfach aus der Steckdose, so wie wir.“

„Echt? Du flunkerst, Omi, ja?“ Auch Conni spitzt die Ohren, während Omama erzählt.

Uff! Immer ohne Strom? Nee, das wäre nix für mich! Wenn schon die paar Stunden `ohne´ einen voll nerven.

Opa erzählt weiter: „Als wir unsere Hochzeitsreise gemacht haben, gab es plötzlich auch einen Stromausfall. Weißt du noch, Uschi?"

„Wie könnte ich das vergessen, Stefan?" Die Omama lächelt versonnen zu Onkel Hauke rüber.

Der guckt verwundert und klappt interessiert die Ohren auf Empfang. „Seid ihr damals nicht in Reit im Winkl gewesen? Da gibt es doch Fotos von euch in Bergen von Neuschnee."

„Genau! Wir waren in unserem ersten Winterurlaub. Herrlich war es dort. Diese weichen Schneeberge! Jeden Tag waren wir mit den Langlaufskiern unterwegs."

Ach ja, unsere Großeltern fahren nur selten Alpin, fällt mir ein. Die Omama sowieso kaum.

Jetzt bin ich auch neugierig. Kommt da noch was mit Strom? Opa macht es immer total spannend, wenn er von früher erzählt. Mindestens hoch neunundneunzig!

Omama seufzt: „Dort würde ich gerne noch mal Urlaub machen. Es war wie im Paradies, Kinder."

Ey, da höre ich wohl verkehrt? Seit ich denken kann, sind unsere Großeltern mit dem Flieger unterwegs. Erst vor einer Woche sind sie aus Spanien zurückgekommen. Und im letzten Sommer waren sie ewig lange mit so ´nem riesigen Kreuzfahrtschiff unterwegs, irgendwo im warmen Süden.

Ach, wer wird schon aus seinen verrückten Großeltern schlau?

„Urgemütlich war es im kleinen Apartment, wenn wir abends, müde vom Schnee und der ungewohnten Höhensonne, unser Gläschen Wein getrunken haben", erinnert sich Opa. „Ich sehe es noch vor mir, als wäre es gestern passiert. Wie mitten im `Tatort´ plötzlich das Bild weg war. Einfach so! Erschrocken haben wir uns …“

„Wir dachten, wir hätten den Fernseher kaputt gemacht“, fällt seine Frau ihm ins Wort. „Du hast herumprobiert, doch das Bild kam nicht wieder. Erinnerst du dich?“

„Natürlich.“ Opa schmunzelt. „Genau an der spannendsten Stelle. Mitten im Krimi! Wie tot war alles. Ich bin kleinlaut zu den Vermietern runtergegangen, um unser Missgeschick zu beichten. Was glaubt ihr, was ich da sah?“

„Und da war der Fernseher auch tot?“, fragt Ilka. Ich muss kichern. Ein toter Fernseher! Typisch für die Lütte.

„Nicht nur das. Die Familie saß bei Kerzenschein einigermaßen ratlos in der Stube. Es gab nichts zu beichten für mich.“

„Krass! Hattet ihr früher auch Stromausfall?“, höre ich mich fragen und sehe das spöttische Grinsen von Conni.

„Ohne Strom gab es früher also auch“, bestätigt Hauke und blinzelt mir zu.

„Na, warum nicht? Das kommt öfter vor, als ihr denkt. Und wir fanden es damals sogar sehr passend, nicht wahr, mein Uschilein?“

„Wir haben uns zwar auch eine Kerze angezündet und unseren Wein ausgetrunken“, nickt die Uschi. „Aber bald hat euer Opa mich mit seinem dauernden Gähnen angesteckt. Fünf Minuten später war die Kerze aus und wir ab in den Betten.“

„Jaja. Dieser Stromausfall ließ neun Monate später unseren süßen Hauke auf die Welt kommen“, ergänzt Opa und zieht sein Uschilein an sich.

Paps und sein Bruder lachen schallend. „Reit im Winkl also“, gluckst Paps. Conni und ich grinsen uns an. Ilka und

Fabian gucken verwundert in die Runde. Was ist daran so komisch?

„Deswegen stehe ich so auf Tiefschneefahren“, amüsiert sich Hauke.

Seine Tina meint trocken: „Wozu der Strom alles taugt.“

„Besonders, wenn er nicht da ist“, lacht Opa.

Jetzt müssten Omi Rieke und Opi Hein mit hier sein, fällt mir ein. Ob die auch was Lustiges erlebt haben mit `ohne Strom´? Warum müssen unsere `Nordlichter´ tierisch weit weg auf ihrer Nordseeinsel hausen?

Weißt du zufällig, ob ´s da oben im hohen Norden manchmal auch längere Stromausfälle gibt? Bei Sturmflut oder `Land unter´ und so ? Nachher frage ich meine Großeltern auf ihrer Insel danach, wenn wir beim Skypen von Papas Vierzigstem berichten.

Soll ich dir dann Bescheid sagen?

Aufgabe:
Wann leuchtet
die Glühbirne?

5. Kapitel: Schlagsahne aus der Sprühdose?

Es dauert ewig, bis Paps und sein Bruder die Holzkohle zum Brennen bringen. „Das hätten wir zwei fixer hingekriegt, wetten?“ Conni blinzelt mir vielsagend zu. „Wette gewonnen“, zwinkere ich zurück.

Unsere Omama schlägt ihrer Schwiegertochter vor, einen Topf mit Wasser auf den Grill zu stellen. „Für einen Tee wird das heiß genug“, versichert sie. „So einen guten alten Wasserkessel habt ihr sicher nicht, oder?“ Wir Kinder zwinkern uns zu. Typisch unsere heißgeliebte Großmutter! Aber vielleicht gar keine schlechte Idee?

Die Schneiders von nebenan spähen über den hohen Zaun. „Alles Gute zum Runden, Björn!“ Schon laden sie sich selber zum Mitgrillen ein. Notfall! Ihre Steaks können sie schlecht roh essen. Und einfrieren geht ja heute schon gar nicht. Jaja, dieser Stromausfall! Auf unserem Supergrill ist jede Menge Platz für die ganze liebe Nachbarschaft, haha! Paps, Hauke und ihre Frauen sind immer noch in Feierlaune. Also sind wir drei hungrige Esser mehr. Passt absolut. Der Lukas Schneider ist schon fünfzehn und echter Lagerfeuer-Profi. Unseren Stockbrotteig findet er geil. Er angelt sein Taschenmesser aus der Jeans, und fix haben wir zehn Stöcke angespitzt. Ilka will natürlich als Erste ihren Stock ins Feuer halten, mit Opas Hilfe. „Hunger, Finn!“, jammert sie.

„Mal langsam, Kleene! Erst dreht der gute Onkel Luki ´ne Proberunde, weißte. So eilig verhungert hier keiner.“

Opa schaut ihm über die Schulter und leckt sich die Lippen. „Reicht euer Teig auch für große hungrige Leute?“

„Dös is an Kinderteig, Opilein“, klärt Ilka ihn auf. „Gell, Finn?“ Äh, eigentlich, nee, - eher nicht.

„Och, wie jammerschade!“ Opa guckt enttäuscht in die Runde und darf dafür als Erster vom Probestück kosten. Seine Augen leuchten.

Logisch reicht der Teig in der Riesen-Schüssel für alle, denn sogar die Omama und Tina müssen unbedingt probieren. „Für Mamsi soll auch was übrigbleiben“, bestimmt Fiona.

„He, und für mich?“, tönt es von der Küchentür. Ach nee, unser Schwerkranker ist auferstanden.

Anscheinend ohne Bauchweh. Die Omama seufzt erleichtert und drückt Fabian vorsichtig an sich.

Lisbeth schleppt außer der Kartoffelsalatschüssel auch ihren Frankie und die albernen Zwillinge an.

Na gut, eigentlich sind die für Mädchen mit vierzehn voll okay, aber ziemlich gefräßig. Jedenfalls ist in unserer Riesen-Schüssel bald kein Teig-Krümelchen mehr übrig. Die Männer am Grill gucken beleidigt, weil wir ihnen nix aufgehoben haben. Aber keiner hat Lust, noch ´ne Portion Teig zu machen. „Mit dem Rührgerät vielleicht. Aber ganz sicher nicht noch mal alles mit der Hand kneten“, seufzen Conni und ich.

„War sowieso ´n Scherz“, grinst Hauke und schnuppert gierig an den Würstchen.

Die Bratwürstchen, `Ripperl´ und Steaks sind so was von lecker! Endlich sind wir alle pappsatt und reiben uns zufrieden die Bäuche.

„Ich brauche jetzt einen guten Mocca!“ Tina verdreht die Augen.

„Träum schön weiter, mein liebstes Weiberl!“, neckt Hauke. „Tut es zur Feier des Ohne-Strom-Tages nicht auch ein kühles Schnapserl?“

„Tja, wenn es keinen Kaffee gibt, - pardon, keinen Mocca, - haben die Herrschaften wenigstens wieder Grund für ihre geliebten Schnapserl!“, stänkert Conni.

„Klar! Schnapstrinken geht auch ohne Strom.“ Wir sind uns heute ungewohnt einig, der Conni und ich.

Die Omama möchte einen Pfefferminztee mit dem warmen Grill-Wasser probieren. Hallo! Das dampft tatsächlich. Hätten wir nicht gedacht! Dreihundert Extrapunkte für unsere Großmutter.

„Respekt, Muttchen!“, schmunzelt Hauke.

Auch Mama ist nach Pfefferminztee statt nach Alkohol. Hat sie noch genug von der langen Nacht? Selber schuld!

Nach nicht mal einer Stunde ist kein klitzekleines Tröpfchen mehr in der Flasche.

Die Omama strahlt mit der Sonne um die Wette. „Danke, Danke, du lieber Petrus! Lass dich umarmen!“, kichert sie zu den Tannenspitzen hoch. „Ach, ihr Kinder, mir ist heute der herrliche Sonnenschein tausendmal lieber als aller Strom der Welt.“ Ihre Uschi-Bäckchen glühen. Sie trinkt nicht allzu oft so ein Schnapserl mit.

„Da hat sie typisch Oma-Recht“, meint Conni.

Wenn es heute pladdern würde von morgens bis abends und wir im ungeheizten Wohnzimmer rumhocken dürften ... Und lauter heißes Zeug zum Aufwärmen in uns reinschütten müssten …

Äh, heiß? Ohne Strom? Nee, ich kann heute auf den Strom mal ganz gut verzichten. Wenn ich später noch was in Super-RTL gucken will, ist das Kabel sicher längst wieder heil.

Wir merken nicht, wie Fiona sich verdrückt hat. Plötzlich wankt ein bleiches Gespenst aus der Küche, die Augen weit aufgerissen. „Fiona! Kind! Was ist passiert?“ Die Uschi schreit hysterisch: „Sie hat einen Schock! Hilfe!“

„Mein … WLAN …“ Mehr kommt nicht heraus.

Wir lachen schallend los. Auch ein wenig mitfühlend? Zornig dreht die Omama sich zu uns um. Eilig klärt ihr besorgter Stefan sie auf: „Deine Enkelin müsste dringend mailen.“

Prompt ist es unsere Großmutter, die einem Schock nahe ist. Alte Leute kapieren das halt nicht einfach so. Ein Weltuntergang? Bloß weil das WLAN streikt!

„Erst abends wieder, Fiona.“ Conni spricht unerwartet sanft, wie zu einer Kranken. „Vorher kann hier sowieso keiner deine Mails lesen. Ohne WLAN. Verstehst du?“

Meine Schwester scheint aufzuwachen. Wie ein knallroter Luftballon läuft sie an. Voll peinlich, gefühlte hoch tausend, ihre Fiona-Tussen-Show! Merkt sie selber. Mir jedenfalls tut sie ausdrücklich *nicht* leid.

„So weit sind wir schon!“ Unsere Mutter stöhnt gequält. „Direkt süchtig sind unsere Kinder.“

Sofort nimmt Tina ihre süchtige Nichte in ihren Tanten-Schutz. „Ach, Franzi! Für unsere Kiddies gibt es nichts Schlimmeres. Das wisst ihr doch."

Verkrampft lächelt Fiona ihrer Tante zu. „Danke, Tina!"

Unsere Mutter guckt stinkewütend. „Aber hallo, sag du doch auch mal was dazu, Björn!", ranzt sie Paps an.

„Erspart uns den großen Zickenaufstand!" Mehr sagt der Björn nicht dazu.

„Bingo, Schwager!" Tina ignoriert Mutters grimmigen Gesichtsausdruck.

Ich staune nur. Klar, Münchner sind eben keine altmodischen Provinzmäuse.

„Du hast ´s gut, Conni", raune ich ihm zu.

„Manchmal, Finn", kommt die leise Antwort. Im Klartext: Wir Kiddies halten uns am besten raus aus diesem WLAN-Zicken-Zirkus.

Opas sonniger Humor schafft es, die hochgehenden Wogen zu glätten. „Eure Sorgen möchten wir haben, Kinder." Fröhlich lächelt er seinen beiden Schwiegertöchtern zu. „Sollten wir nicht lieber diesen schönen gemeinsamen Sonntagnachmittag von Herzen genießen? Auch ohne Strom?"

„Das machen wir, Stefan!", bestimmt seine Uschi energisch. „Und keiner drückt sich. Kapiert?"

Wie war das mit dem Humor, wenn man trotzdem lacht? Den coolen Spruch sollte sich meine Lieblingsschwester übers Bett hängen.

„Die Mama braucht auch Strom. Für ihr neues Auto!"

Ilka macht ihr wichtiges Ich-weiß-was-Gesicht.

„Flunkertüte!" Mein Bruder tippt sich an die Stirn.

„Bin keine Flunkertüte!“, protestiert die Lütte. „Stimmt doch, gell, Papa?“

Hauke nickt. „Stimmt, Süße. Eure Tante steigt gerade um aufs Elektroauto.“

Wow! Unsere coole Tina fährt so `nen E-Flitzer! Sauber! Hoch fünfhundert, würde ich sagen. Mindestens!

Opa findet das auch. „Respekt, Schwiegertochter! Das perfekte Großstadtauto. Vor allem extrem umweltfreundlich.“

„Ich will das schon lange“, sagt Tina. „Bin gespannt, wie ich damit klar komme.“

„Privat-Tankstelle in der Hofeinfahrt“, meint Conni. „Bei uns in dem Riesenhaus gibt ´s immer mehr E-Fans.“

„Aber … wenn bei euch auch der Strom weg ist?“ Fabian zieht die Nase kraus.

Hauke lacht: „Dann steigt Tina um aufs Radl. Wie fast jeder zweite im schönen München.“

Klasse! So ´n E-Ding schaffe ich mir garantiert an. In sieben Jahren, bis zu meinem Führerschein, fahren bestimmt jede Menge Leute mit Strom. Ob Saft aus der Steckdose dann weniger kostet als Benzin aus dem Zapfhahn? Conni weiß das, jede Wette. Den frage ich nachher mal.

Lukas hat die Idee mit Fußball. Bei der ungewohnten Wärme erlaubt Mama uns die kurzen Hosen und T-Shirts. Gemischte Mannschaften. Logisch. Opa macht freiwillig den unparteiischen Schiri, und Ilka hopst im Tor auf und ab wie ein Gummibällchen. Wow! Sie hält tatsächlich jeden dritten Ball. Sie ist fast so gut wie mein Bruder, der das andere Tor verteidigt wie ein Löwe.

Die dicke Lisbeth rennt dazwischen auf dem Rasen rum und feuert Frankie und die Zwillinge durch ihre schrille Stimme an. Dago mischt kräftig mit. Laut kläffend und jaulend saust er von einem Tor zum anderen, schnappt nach dem Ball, verheddert sich mit unseren Beinen. Übermütig wippt die geringelte helle Schwanzspitze. Sein Appenzeller-Markenzeichen.

„Für welche Seite spielst du eigentlich, verrückter Hund?“ Hauke schaut ihm fragend hinterher, weil Dagos Schnauze das runde Leder gerade ins Tor kullern lässt, haarscharf vorbei an der verwunderten Ilka. Triumphierend scheint der Rüde unseren Onkel auszulachen.

„Drei zu eins!“, schreit ein wild hüpfender Fabian vom Gegentor herüber.

Als Mama und Tina uns auf die Terrasse rufen, hebt unser Vierzigjähriger beide Hände.

„Halbzeit! Auf geht ´s zum Kaffeetrinken.“

„Kaffeetrinken passt super. Wo habt ihr den versteckt?“ Opa schaut sich neugierig um.

„Bingo! Zum Kuchenessen“, ruft Fiona. „Kaffee denken wir uns halt.“

Heute meckert ausnahmsweise keiner, weil es zum Kuchen nur Mineralwasser, Saft und Cola gibt. Und warmen Pfefferminztee! Auch für Fabian, der ihn sogar freiwillig trinkt.

Opa fehlt seine geliebte frische Schlagsahne auf dem Apfelkuchen. Mit viel Vanillezucker.

„Ich habe extra drei Becher gekauft“, stellt Mama klar. Ihre Schwiegereltern sind heftige Gegner von dieser `künstlichen´ Sahne aus der Sprühdose.

„Wollen wir sie nicht einfach mit der Hand schlagen?“, schlägt die Uschi vor. „Früher ging das doch auch. Ohne Strom, stellt euch vor!“ Treuherzig lacht sie ihren Stefan an. „Weißt du noch? Du hast mich immer abgelöst dabei, weil meine Arme müde wurden vom Schlagen.“

Opa legt die Stirn in Falten. „Früher ist längst vorbei, Uschilein. Mir tut heute noch mein rechtes Handgelenk weh, wenn ich an diesen Schneebesen denke. Ewig hat es gedauert, bis das Zeug damit fest wurde wie Butter. Aber ich wollte mich halt nicht blamieren vor meiner kritischen Schwiegermutter.“

Mitfühlend grinsen wir Kids uns zu. Du armer Opa! Jedenfalls ich käme nicht auf die Idee, mich zum Oberaffen zu machen mit ´ nem Schneebesen. Erst recht nicht für ´ne komische Schwiegermutter!

Ich brauche keine Schlagsahne zum Kuchen. Und Omamas Vorschlag, ihr altes Handrührgerät schnell mal herbei zu hexen, gefällt nur Ilka und Fabian.

Dago liegt lang ausgestreckt unterm Tisch.

„He, Alter! Biste platt wie ´ne Flunder, was?“ Lukas kauert sich zu ihm und krault seinen Nacken.

„Hast dich wacker geschlagen, alter Kämpfer!“, lobt Opa nach unten. Der Rüde hebt den Kopf, kommt auf die Pfoten, leckt sich die Schnauze. Schnüffelnd tappt er Richtung Futternapf.

„Mamsi! Dago hat Hunger“, ruft Fabian ihm hinterher.

Dann hören wir einen schrillen Wutschrei: „Verflixt und zugenäht! Halloo, Bjööörn! Komm mal!“

Papa schnauft ins Haus. Tja, frisch Vierzigjährige, besonders wild zerfeierte, und Fußball! Na, dann! Neugierig folge ich ihm. Mama streckt ihm die Hundedose entgegen.

„Abgebrochen! Einfach mal so. Kriegst du sie auf, Schatzi?“

„Frauen!“ Knurrend greift der Schatzi nach dem Dosenöffner. Äh, … geht der nicht … elektrisch?

Was gibt das jetzt?

„Probleme?“ Opa und Fabian tauchen hinter mir auf.

„Ein klitzekleines, Vadder!“ Sein Sohn zeigt ihm den abgebrochenen Dosenverschluss. „Kannst du …?“

„Wo ist euer Öffner?“ Suchend dreht Opa sich im Kreis.

Tja, bei uns gibt ´s so was nur mit Strom. Also heute ohne. Opa guckt schräg und seufzt.

Er schickt meinen Bruder in den Hobbykeller. „Einen Schraubenzieher brauchen wir. Klein und flach.“

Sofort saust Fabian los. Und schleppt den größten roten Kreuzschlitzschraubenzieher an.

„Ach, Junge!“ Opa wuschelt durch die verschwitzten Fabi-Locken. Tja, da muss wohl der Finn mal ran.

Mit dem kleinen flachen gelben Schraubenzieher hebelt Opa nach und nach den Deckel rundherum an, bis er ihn vorsichtig hochknicken kann.

„So, Hund, das wär ´s! ... Autsch!“ Er reißt den rechten Daumen hoch, schiebt ihn hastig zwischen die Lippen.

„Mensch, Vadder!“ Papa guckt entsetzt auf das Opa-Blut. „Ein Pflaster! Schnell, schnell, Franzi!“

„Autsch! Bin ich ein Trottel!“, nuschelt Opa, den Daumen im Mund.

Stolz zeigt er seiner mitleidigen Uschi die verpflasterte Hand, während Dago gierig die Schnauze mitten in den Berg Rindfleisch mit Nudeln und Gemüse taucht.

„Ach, du mein tapferer Held!“ Die Uschi streichelt den Verband. „Ja, ein normaler Dosenöffner sollte in jeden Haushalt gehören.“

Muss ich mir merken. Unbedingt! Mit Strom wäre das nicht passiert. Logisch! Aber stell dir vor, ohne Strom bringt Opa uns am nächsten Sonntag einen stinknormalen Dosenöffner mit. Für alle Fälle! Jede Wette! Opa weiß immer genau, was wir brauchen. Diesmal werden sein Daumen und seine Uschi ihn dran erinnern. Garantiert! Du, so ′nen genialen Opa kann ich dir nur wünschen!

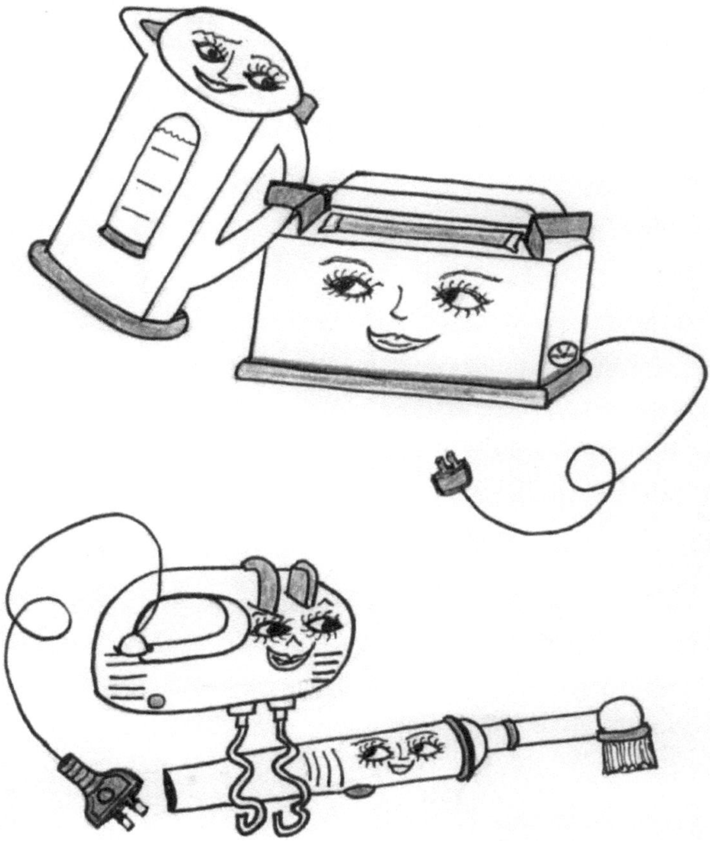

6. Kapitel: Notstromaggregat?

„Wie lange sitzen wir wohl noch ohne da?“, denkt Hauke laut. „Soll das tatsächlich bis zum Abend dauern mit der Reparatur von diesem albernen Kabel?“

„Soll´n wir mal gucken, wie weit die sind?“, schlägt Conni vor. Fiona borgt ihm großzügig ihr Fahrrad.

Auch Lukas ist neugierig. Fabian und Ilka dürfen trotz Protestgeschrei nicht mit. Gut so!

Wir brauchen nicht mal zehn Minuten, bis wir den Bagger und das weiße Fahrzeug vom Stromwerk schon von weitem sehen. Drei Männer arbeiten in einem tiefen Erdloch, dicht neben der Fahrbahn.

„Mensch, so tief mussten die graben!“, staunt Conni.

„Und so ´n Mistkram genau an ´nem Sonntag!“, seufzt Lukas.

Einer der Männer schaut zu uns hoch. „Sonntag oder Peng, Jungs! Das ist dem Strom so was von egal.“ Er streicht sich eine Haarsträhne aus der verschwitzten Stirn. „An ´nem Wochentag ist ein Stromausfall viel unangenehmer, wenn alle so früh zur Arbeit müssen.“

„Dauert ´s noch lange?“, will Lukas wissen.

„Hoffen wir nicht“, ruft der zweite Mann über die Schulter. „Heute habt ihr auf jeden Fall euren Strom zurück. Keine Ahnung, wie spät das sein wird.“

Mein Handy zeigt Punkt 16:30. Noch gute zwei Stunden bis zum Abend.

An der Pferdekoppel beim Reiterhof bremst Conni. „Kann man die streicheln?“

Wir zählen acht große Tiere und vier Ponys.

„Null Ahnung, ob du kannst “, sage ich. „Mich mögen sie meistens.“

„Die sind heute das erste Mal nach dem Winter draußen auf der großen Weide. Da wär ich mal vorsichtig“, warnt Lukas.

„Ob die deinen Großstadtmief lieben?“ Warum muss ich, der sonst so nette Finn, den Conni immer auf die Schippe nehmen?

„Selber Mief-Bübchen!“ Conni legt Fionas Rad ins hohe Gras. Seine schrillen Pfiffe lassen die Pferde aufhorchen. Zwei schwarzbraune traben neugierig näher. Ein geschecktes Pony kommt heran und bläht die weichen Nüstern. Warum halten sie Abstand vom Zaun? Die schlaue Antwort kriegen wir sofort und life.

„Achtung!“, will ich Conni zurufen. Haha! Wie soll da wohl heute Strom drin sein? Tja, denkste dir so, kluger Finn! Conni zuckt hastig zurück. „Aua!“ Er macht einen Schritt nach hinten. „Danke! Hättet ihr ruhig sagen können.“

Hä? Fragend schaue ich Lukas an, tippe mit dem Zeigefinger gegen den Zaun. Buff! Das fitzt! Lukas peilt mich schräg von der Seite an und schaut sich suchend um.

„He! Da drüben!“ Er zeigt auf die Ecke neben dem Gatter. Der graue Kasten sieht aus wie ´ne Batterie. Muss auch echt eine sein. Dieser Weidezaun ist einwandfrei geladen. „Die haben ihren eigenen Strom. Logisch“, stellt Conni-Schlaumeier fest.

„Sind immer nur kurze Stromstöße, - von nicht viel mehr als zwölf Volt“, weiß Lukas.

Aha! Und warum fitzt das dann so fies? Da würde ich als Pferd auch nicht freiwillig mit meiner Nase drankommen. Genau das sagt Conni jetzt laut, haha!

„Guckt mal, die haben ihren eigenen Strom.“ Lukas zeigt hoch zu dem Windrad hinter der großen Scheune und zur Solaranlage auf dem Dach.

„Du, Luki, was genau bedeutet dieses `zwölf Volt´ hier im Zaun?“ Warum gucken er und Conni sich an, als hätte ich was total Bescheuertes gefragt?

„Kann der Kleine noch nicht wissen“, meint Conni. „Kommt erst im zweiten Halbjahr dran, beim schwierigen Thema Elektrizität.“

Manno, komme ich mir dämlich vor! Aber nur, bis Lukas es mir ganz sachlich erklärt: Die Spannung, also die Stromstärke, wird in Volt gemessen. Wie soll der dumme kleine Finn das wissen? Ich werd ´s mir extra-gut merken, liebster Cousin!

Opa, Hauke und Papa grinsen sich eins, als wir erzählen. „Wie war das mit dem Geburtstagsgutschein für zehn Reitstunden?“, lästert Fiona.

„Hihi! Der Pferdekenner-Profi“, kichert Fabian.

Unser Cousin verkneift sich seinen Kommentar. Fällt ihm deutlich schwer. „He, wer wollte die Viecher denn unbedingt streicheln, Großkotz?“, brummle ich genervt.

„Ja und, Jungs? Was ist nun? Dauert es noch lange, bis wir wieder Strom haben?“, möchte Hauke wissen. Mehr als vorhin die Männer in ihrer Kabelgrube können wir denen daheim jetzt auch nicht sagen: Voraussichtlich noch mindestens zwei Stunden. Aber komisch! Keinen scheint das jetzt noch zu stören. Haben wir uns dran gewöhnt, ohne Strom zu sein? Mama kann meine Gedanken ziemlich oft lesen. Leider!

„Irgendwie gewöhnt man sich dran, wenn er nicht da ist“, stellt sie fest.

Die Omama nickt: „Wir sollten öfter einen stromfreien Tag einlegen.“

Wie bitte?? Och nö, liebe Großmutter, - muss eher nicht sein!

Fabian protestiert wild: „Nee, Oma, ich will immer Strom haben, jeden Tag. Ohne blöden, doofen Stromausfall.“

Ilka klatscht in die Hände. „Stromausfall ist depperter Schmarrn, Omilein!“

Die Uschi nimmt die beiden in ihre Arme. „Ach, ihr Jugend! Für euch ist das alles inzwischen so selbstverständlich. Ihr solltet öfter darüber nachdenken, wie ihr ohne zurechtkommen könnt.“

Ich höre den Opa und Conni eifrig mit Paps und Hauke diskutieren.

„Ein Notstromaggregat?“, mische ich mich ein. Davon habe ich schon mal irgendwann gehört.

Sie erklären mir abwechselnd, wie so ein Gerät funktioniert und wer sich unbedingt eins anschaffen sollte. Mit großen Ohren kommt Fabian näher, Ilka hinter sich. Sie versucht, das schwere Wort nachzuplappern. Opa hilft ihr geduldig dabei.

Conni fragt: „Was kostet so ´n Teil? Lohnt sich das auch für unseren Privathaushalt?“

„Eher nicht“, sagt sein Vater. „Vor allem müsste man den Platz dafür haben. Im Flur oder im Keller am besten. In unserer Altbauwohnung mitten in der Stadt bringt dieses Gerät wenig.“

„Und für uns?“, frage ich meinen Vater. Der zuckt mit den Schultern. „Ich hatte mich früher schon mal darüber schlau gemacht, Finn. Bei einem kleineren, recht preiswerten Aggregat ist die Leistung ziemlich begrenzt. Für die Tiefkühltruhe müssten etwa fünfhundert Watt ausreichen. Aber ein zweites E-Gerät lässt sich dazu nicht mehr anschließen. Dafür würde diese niedrige Watt-Zahl nicht ausreichen.“

WATT? Auch ein Teekesselwort? Oh, nein! Der verbrauchte Strom wird in diesen `Watt´ berechnet, lernen wir. Mal wieder `Aha´!

Na gut. So schnell wird der Strom sicher nicht mehr weg sein. Und nicht so lange.

„Wir lassen uns übrigens Anfang Juni circa zehn Solarzellen aufs Dach montieren“, sagt Paps.

„Wow!“ Sein Bruder ist beeindruckt. „Wird ´ne teure Sache, oder?“

„Es war mein größter Geburtstagswunsch“, sagt Paps.

„Perfekt!“, lobt Opa. „Das würden wir auch sofort machen, wenn wir zwei noch zehn Jährchen jünger wären.“

„Wir kriegen dann unseren eigenen Strom. Vom Sonnenhimmel!“ Fabian macht sein wichtiges Gesicht.

„Dann muss euch die Sonne fleißig scheinen, Fabian“, klärt Hauke ihn lachend auf. „Esst also immer euren Teller leer. Das mag sie besonders, wenn sie viel scheinen soll.

Jedenfalls ist es ein tolles Geburtstagsgeschenk, Bruderherz!“

„Statt Urlaub“, kann ich mir nicht verkneifen. – „Nee? Echt?“ Conni schaut ungläubig.

„Echt hoch fünfzig! Wir zelten dafür am Badesee. Da können wir mit den Rädern hinfahren“, schwärmt Fiona. Dass ihr brandneuer Schwarm, der sooo süüüße, auch die ganzen sechs Sommerferienwochen hier sein wird, weiß nur ich. Weil nämlich dieser Ali aus dem Irak kommt. Oh ja, ich kann dichthalten. Wie der berühmte Maschendrahtzaun. Ich freue mich auf den See. Da treffe ich ein paar Kumpel aus der Schule. Auch Markus. Ein Supertyp! Der geht das erste Jahr in die Gesamtschule. Ferien nach meinem Finn-Geschmack, jede Wette!

Kann sich jeder vorstellen, oder? Ich finde es stark, wenn wir bald solche Solarteile auf unserem Dach haben. Sieht nicht nur krass aus. Ach so, ihr habt die schon längst. Seid halt fortschrittlicher als wir in unserem Nest hinterm Mond. Weißt du denn auch, ob sich der ganze Aufstand lohnt? Die Sonne scheint bei uns ja nicht soo oft.

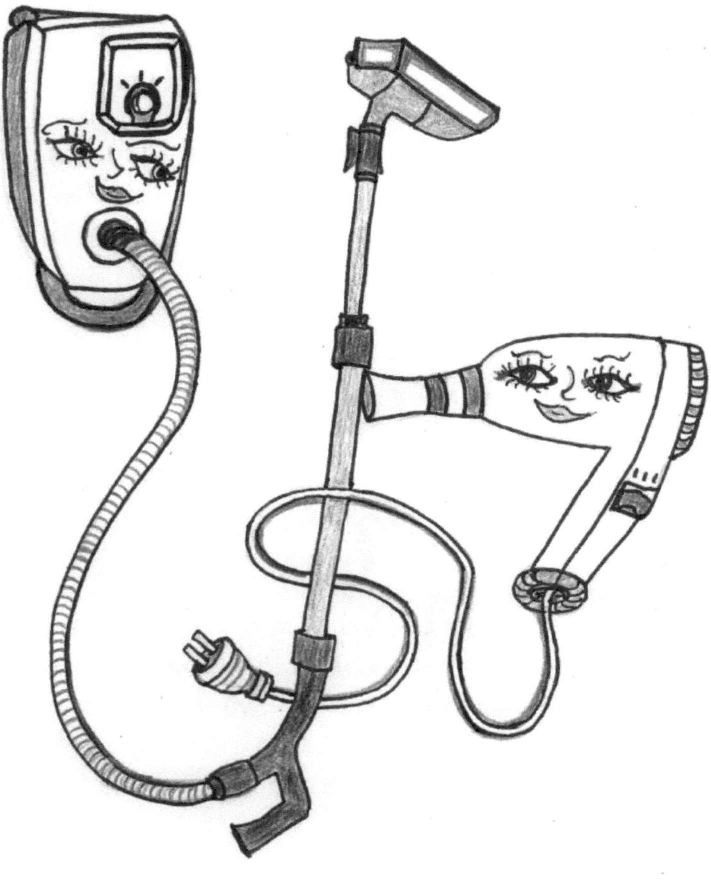

7. Kapitel: Hochspannung, Volt und Faraday-Käfig

Opa zieht Fabian auf seine Knie. „Weißt du auch, wo unser Strom herkommt?“

„Wenn er kommt“, murmele ich. „Wie heute. Haha!“

„Logo!“ Mein Bruder winkt gelangweilt ab. „Aus der Steckdose. Und aus der Batterie.“

„Wie ist er aber da reingekommen in die Steckdosen?“, bohrt Opa weiter.

„Aus der Wand. Wie wohl sonst?“ Unsicher schaut Fabian sich um. He, warum lachen die alle so blöd? Stimmt doch, oder?

Opa schmunzelt. „Stimmt, mein Junge. Doch bis er da drinnen ist in eurem Haus, hat er schon einen weiten Weg hinter sich.“

Uppsi? Ich schalte mal besser auf Empfang. Nächste Woche geht es in Sachkunde tatsächlich um genau dieses Thema, lieber Conni. Da muss der Finn dringend glänzen nach seiner peinlichen Vier im letzten Heimatkunde-Test.

Tja, Conni-Schlaukopf kennt sich aus, - wie immer. „Kraftwerk“, sagt er lässig.

„Hä?“ Fabian sperrt die Augen auf. Na ja, viel schlauer bin ich auch nicht.

„Das hat jeden Morgen seine heiße Schoki ausgetrunken. Für seine Kraft, gell, Opa?“ Ilkas Blauaugen leuchten. Wir kugeln uns vor Lachen.

Die Omama nimmt Ilka auf den Schoß. „Oh ja, du süße Schokimaus. Jeden Morgen. Es braucht nämlich sooo viel Kraft für den vielen, vielen Strom.“ Ilka nickt ernsthaft. Und wir sind mitten im Thema.

„Wird Zeit, dass ihr Bescheid wisst über so was besonders Wichtiges“, meint Hauke.

„Genau!“ Conni grinst überheblich. Überlässt es aber gerne seinem Dad, uns aufzuklären.

Mein Bruder und Ilka kapieren nicht, wieso dieser Strom `fließen´ kann wie Wasser und sie ihn trotzdem nirgends sehen können, wenn er fließt. Ich - ehrlich gesagt - kapiere es auch nicht.

„Das ist halt extrem gefährlich am Strom. Er hat eine enorme Spannung, obwohl man sie niemals sehen kann“, erfahren wir. „Diese Spannung wirkt für uns Menschen tödlich.“

„Echt? Wieso?“ Wir halten das für einen von Haukes dämlichen Witzen, aber nicht mal die Uschi lacht drüber. Scheint also zu stimmen. Wow! Strom lebensgefährlich? Sollte ich längst wissen! Die Kindersicherungen in unseren Steckdosen fallen mir ein. Mensch, Finn, wach auf!

Opa mischt sich ein: „Ich ging damals mit meinen Freunden zum Drachensteigen. An meinem zehnten Geburtstag war so ein bunter Papierflieger mein tollstes Geschenk. Auf dem Rübenacker war schon gerodet. Da sind wir drauf. Der Herbstwind ließ den Drachen schnell ziemlich weit hoch steigen. Mein Herz hat vor Freude gehüpft über diese wilden Luftsprünge gegen den blauen Himmel.

„Gib Schnur, Mann!“, brüllte Peter. Ich konnte kaum noch halten, so riss die Schnur an meinen Händen. Bin wohl gestolpert. Mit einem kräftigen Ruck ist sie mir aus den Händen gerutscht.

Zu dritt durften wir meinem herrlichen Drachen hinterher starren. Der wurde rasch abgetrieben, immer höher.

„Halt, Drachen! Der Strommast!“, schrie Jonny. Als ob der Drachen das hören konnte! Wir rannten hinterher. Keuchend sahen wir, wie die Stromleitung mein buntes Geburtstagsgeschenk in Empfang nahm. Dicht neben dem hohen Mast hing der Drachen fest. Ich heulte jämmerlich los.

„So ´ne Sauerei!“, jammerte Jonny stinkwütend.

„Kommt, wir holen ihn runter!“ Peter sauste quer über den Rübenacker.

„Schaffen wir nie, Leute!“ Jonny stemmte die Hände in die Hüften und sah unserem Freund hinterher. „Komm zurück, Peter! Mensch, ist zu gefährlich!“

Schon versuchte Peter, sich an den unteren Verstrebungen vom Mast hoch zu hangeln. Wie an einer Reckstange. „Komm runter, Peter! Bist du verrückt?“ Wir brüllten gegen den Wind an.

Peter dachte gar nicht dran aufzugeben. Doch bevor er weiterklettern konnte, brüllte noch jemand:

„Komm runter da! Sofort!“ Mit großen Schritten stapfte der Bauer auf uns zu. „Seid ihr wahnsinnig geworden, ihr Lausebande? Da ist Hochspannung. Mehrere tausend Volt, ihr Deppen! Kapiert ihr das?“

Wie drei begossene Pudel standen wir vor ihm und ließen das Donnerwetter über uns ergehen.

Meine Eltern erklärten uns, nach dem zweiten Donnerwetter von meinem Vater, was für einen haarsträubenden Mist wir beinahe gebaut hätten.

„Könnt ihr das gelbe Warnschild mit dem schwarzen Blitz nicht lesen: `Hochspannung! Lebensgefahr!´ Da oben fließt Starkstrom! Hört ihr: Starkstrom! Das solltet ihr bereits wissen, meinen Herren!“

Das Thema `Drachensteigen´ durfte ich bis zum nächsten Geburtstag abhaken. Es war uns dreien eine gute Lehre. Wie ihr seht, habe ich es bis heute nie vergessen.“

„Uff“, seufzt Hauke. „Wie dumm kann man sein als Junge! Haben wir auch solchen Quatsch angestellt?“

„Euch sind andere nette Dummheiten eingefallen“, erinnert sich die Omama lächelnd.

„Tja, merkt euch das bitte sehr genau, Kinder!“ Opa sieht uns der Reihe nach in die Augen. „Auch du, lieber Conni.“

„Haha, guter Witz! Bin ich lebensmüde?“, meint der liebe Conni überheblich.

„Zum Glück gibt es hier keine gefährlichen Hochspannungsmasten“, stellt die Uschi fest.

„Dafür vielleicht ein defektes Kabel an einer Steckdose“, sagt Hauke. „Das reicht schon für einen kleinen, lebensgefährlichen Stromschlag.“

Paps erklärt uns, wie der Strom aus dem Kraftwerk durch die sogenannten Überlandleitungen oder in Erdleitungen, also unter der Erde, transportiert wird.

„Dabei stoßen sich winzig kleine Teilchen gegenseitig an. Man nennt sie `Elektronen´.“

Aha! „Deswegen der Name Elektrizität“, denke ich laut.

„Perfekt kombiniert, Finn!“, freut sich Opa. „Und nach der Umwandlung in `Transformatoren´ gelangen diese

Elektronenteilchen zu unseren Häusern. Als sogenannter `Haushaltsstrom´."

Äh, das raffe ich jetzt nicht. Ist etwa in unseren Steckdosen keine so eine hohe Stromspannung?

„Natürlich nicht", sagt Paps, „Da reicht eine Niedrigspannung. Nur so hoch, wie wir sie für unsere Haushaltsgeräte brauchen. Zum Beispiel für die Waschmaschine, den Kühlschrank oder den Geschirrspüler.

Also, das Ganze nochmal im Klartext: Ein sogenannter Transformator wandelt die Hochspannung aus dem Elektrizitätswerk um in Niedrigspannung, bevor der Strom in die Häuser geleitet wird. Jetzt habt alle capito?"

Upps! Klaro, der Finn hat jedenfalls capito. So ungefähr jedenfalls.

Bloß die beiden Lütten schauen völlig verwirrt von einem zum anderen.

„Müsst ihr Zwerge noch nicht wissen", stellt Conni klar. „Passt schon!"

„Erst in der vierten Klasse", sage ich und ahne, wie schwierig dieses Strom-Thema ist.

„Heute habt ihr übrigens einige Euro gespart", meint Opa.

„Wieso, Opa?" Mein Bruder und ich fragen gleichzeitig. Ilka reibt ungläubig ihre Stupsnase.

„Strom kostet doch nix, dummer Opa." Sie kichert verunsichert. „Der ist einfach so da, gell?"

Die anderen amüsieren sich. „Wie schön wäre das, Süße." Opa verzeiht ihr das `dumm´.

Hand aufs Herz! Hättet ihr gewusst, wie teuer unser Strom ist? Ich jedenfalls habe null Schimmer.

Klar, da kommt immer mal so ein netter Stromableser, fällt mir ein. Der leuchtet mit seiner Taschenlampe am

Sicherungskasten rum. Da ist nämlich unser Stromzähler drin, erklärt Opa. Der muss, rund um die Uhr, unsere verbrauchte Strommenge messen. In Kilowattstunden wird die angegeben. Der Mann vom E-Werk liest die aktuelle Zahl ab. Danach wird die Stromrechnung an Papa geschickt. Aha! Ob ich mir das alles merken kann?

„Der Zähler muss auch nachts messen? Warum?“, fragt Fabian. „Da schlafen wir ja alle.“

„Der Kühlschrank aber nicht. Und die Kühltruhe.“ Ich komme mir richtig gut vor, denn Opa nickt.

„Und Fionas W-LAN darf auch nie einschlafen“, neckt Hauke seine Nichte.

Die hält ausnahmsweise lieber ihren großen Mund. Hat sich ja heute schon genug blamiert.

„Vom Herbst bis zum Frühjahr ist unsere Stromrechnung immer höher als im Sommer“, sagt Paps.

„Logo. Ihr braucht ja ´ne Menge mehr Licht, wenn es früher dunkel wird“, meint Conni.

„Und ohne Heizung wollen wir auch nicht sein, gell?“

„Und nicht ohne heißes Wasser für Omas Wohlfühltee und die kuschelwarme Wärmflasche für unsere Mini-Dame“, neckt Hauke jetzt sein Ilka-Schätzchen.

Es wird Abend, bis sich unser Besuch auf den Heimweg macht. Wir wünschen allen „Gute Fahrt!“ Und den Münchnern nur wenige Osterferien-Staus. Jeder drückt jeden zum Abschied. Na gut, Conni und ich geben uns nur kurz `Fünf´ und zaubern das nette Cousin-Grinsen in unsere Gesichter. „Servus, Finn! Bis zum Sommer bei uns.“ Das reicht uns beiden. „Im Deutschen Museum, gell?“

„Logisch! Da isses affenstark! Diesmal muss ich unbedingt zu diesem ulkigen Blitze-Käfig. Dahin, wo ´s was über Strom gibt.“

„Faraday-Käfig heißt das Teil“, erinnert sich Conni „Ich hab mich da schon mal reingesetzt. Rundrum hat ´s voll geblitzt. War echt genial, Junge!“

Wow! Ob ich mich das auch traue im Sommer?

„Bei uns ist immer Strom, wetten?“, piepst Ilka.

„Falls ihr wieder ohne elektrischen Strom dasitzt“, meint Opa mit listig verzogenen Mundwinkeln, „dann ruft uns rechtzeitig an. Es ist kein größeres Problem, unseren kleinen Notstromkasten in den Kofferraum zu laden ...“

„Wie bitte??? Sag das noch ein zweites Mal, Vadder!“ Drohend funkelt der Vierzigjährige den Senioren an. „Verulken können wir uns selber!“

„Oh, das meint er völlig ernst, Björn“, mischt die Uschi sich ein.

„Wir haben uns im letzten Herbst dieses Gerät angeschafft.“ Stolz sieht Opa uns an. „Benutzen mussten wir es bisher erst zwei Mal. Eingeweiht wurde es beim unerwarteten Stromausfall in der Woche vor Totensonntag. Später, Anfang Januar, hat uns ein Schreiben vom E-Werk informiert, von wann bis wann der Strom abgestellt werden müsste. Für volle vier Stunden. Es hat übrigens prima funktioniert das Ding! Wir konnten jedenfalls Kaffee und Suppe kochen.“

„Und einen hübschen Fernsehfilm gucken“, entsinnt sich die Omama.

Funkstille! Verblüffte Gesichter. Wie auf Kommando prusten wir Kids zusammen los. Die anderen lassen sich gerne anstecken. „Hach!“ Unsere Mutter schnappt nach

Luft. „So fröhlich haben wir noch nie Abschied genommen.“

„Ach, du, Vadder, hättest ja mal was sagen können!“ Paps ist feuerrot vom Lachen.

„Warum?“ Opa guckt unschuldig in die Runde. „Du wärst sofort mit Hauke losgefahren und hättest das Zaubergerät geholt, ja?“

„Huch? Nee! Garantiert nicht!“, geben beide Söhne zu.

„Jaja!“ Die Omama kichert. „Dieses ulkige Familienfest hat doch was Spezielles, oder?“

„Was völlig Spezielles, Schwiegermütterlein.“ Tina wischt sich die Lachtränen aus den Augen. „Am meisten für unsere Minis. Stimmt ´s, Ilka-Schätzchen?“

„Spezi? … Elles?“ Ilka legt ihr süßes Köpfchen schief. Das muss dieser Krümel nicht verstehen. Finde ich wenigstens.

Dago kriegt seine letzten Ilka-Streicheleinheiten, sein Auf-Wiedersehn-Bussi, ein letztes Ilka-Leckerli. Zart knabbert die Hundeschnauze an den schmalen Fingerchen. Abschied mag Dago genauso wenig wie seine Menschenfreunde?

„Wuff!“, tönt es, als Ilka auf ihren Kindersitz klettert und ihm zuruft: „I mog di sooo sehr, Dago!“

„Wuff! Wuff!“, als Tina seine kleine Freundin anschnallt. „Wuff! Wuff! Jaul!“, als Hauke den Wagen endlich starten kann. `Ach, so schnell sehen wir uns nicht wieder. Wie schade, meine kleine Freundin!´, übersetze ich seine Hundesprache.

Kaum sind die Autos um die Ecke, handypünktlich um 19:45, hören wir auf mit Winken. Paps spitzt die Ohren.

„Wo kommt das jetzt her?“ Ich höre die Musik auch deutlich.

„Ey! Krass!“ Fiona stürzt zur Haustür. „Mein CD-Player!“

„Aber hallo!“ Unser Vierzigjähriger fängt an zu lachen. Irgendwie klingt es wie ein tiefer Seufzer: „Er ist wieder da, Leute! Hurra!“

„Das nenne ich perfektes Timing!“ Mama winkt hoch zu Fiona. Die brüllt durch ihr offenes Fenster: „Er ist wieder da, Leute! Jippieh!“

„Ich habe nie geahnt, wie sehr er mir fehlen würde!“ Mama atmet tief durch. Sie wird doch nicht sentimental? Ist doch nix passiert. War doch eher witzig, oder?

Pünktlich um 19:48 ist er wieder da, stellt mein Handy fest. „Mensch, Kurzer, das war ein Tag!“ Liebevoll knuffe ich meinen Bruder in die Seite.

„Hmm, Langer. Wie man ´s nimmt“, brummelt Fabian und reibt sich verstohlen den Bauch. Sein Schokoeis-Bedarf ist wohl fürs Erste gedeckt, und zwar gründlich, stelle ich mir vor.

Du glaubst mir das jetzt bestimmt nicht, wie toll man sich nach einem sooo langen Ohne-Tag freuen kann. Wenn nämlich plötzlich alles wieder stinknormal funktioniert. Als ob der verflixte Strom überhaupt gar nie weg gewesen wäre. Musst du selber erleben. Kann ich schwer beschreiben.

Kakao
MILCH

8. Kapitel: So ´ne Riesensauerei!

Zurück in der Küche bittet Mama: „Ach, bitteschön, du heißgeliebter Vierzigjähriger, kannst du uns die Uhr an der Mikrowelle wieder richtig einstellen?“

Ach, richtig! Da war seit heute Morgen ja auch tote Hose. Alle Augen peilen auf die winzigen Leuchtpunkte, denen der Strom die Zahlen geklaut hat und die nur auf unseren Paps warten.

„Gerne, Franzischatz. Falls du die paar Minütchen bis Punkt 20 Uhr wartest. Dann geht ´s schneller. Fällt dir übrigens noch etwas ein, das uns der nicht vorhandene Strom ausgestellt haben könnte?“

„Vielleicht später, mein Liebster?“ Unsere Mutter umarmt ihren uralten Vierzigjährigen zärtlich.

Wir Kids zwinkern uns verstehend zu. Unsere Eltern! Die sind echt Spitze! Alle beide!

Auf meinem Handy ist es gerade genau 19:50 Uhr.

„Endlich können wir den Geschirrspüler anstellen“, sagt Paps, als Mama ihn wieder loslässt.

„Warum haben wir eigentlich nicht längst einen Teil mit der Hand abgewaschen?“ Angewidert schaut sie sich die Geschirrberge und Gläsermengen an, die uns überall entgegen grinsen. „Ich hätte unsere Uschi fragen sollen. Habt ihr nicht früher daheim auch fast alles per Hand abgespült?“

Per Hand? Ist das ihr Ernst? Wir gucken irritiert. „Ihr hattet keinen Geschirrspüler?“ Fiona will es nicht glauben.

„Den hat mein Vater seiner Frau irgendwann zu Weihnachten geschenkt“, sagt Paps. „Ich war da wohl schon vierzehn.“

„Ihr auch? Wozu?“ Ich fasse mich an den Kopf. Jeden Tag nach dem Essen dreckiges Geschirr spülen? Blöde Idee! Und das etwa auch noch abtrocknen?

„Im Abtrocknen war ich die Schnellste“, erzählt Mama und schaut in die Ferne. „Wir haben meistens gesungen dabei. Mit zwei Stimmen. Unserer Nachbarin hat das prima gefallen. Sie hat jeden Mittag ihr Küchenfenster extra weit aufgemacht.“

Unser Vater amüsiert sich köstlich über unsere ungläubigen Mienen. „Ihr supermodernen Kids könnt euch das nicht vorstellen. Das ist mir schon klar. Doch wie ihr seht, sind eure altmodischen Eltern und Großeltern in ihren winzigen Kuhdörfern damals noch lange ohne eine Spülmaschine ausgekommen. Unsere Spülmaschine hieß übrigens sonntags meistens Stefan.“

„Der Opa hat den Abwasch gemacht? Alleine? Alles mit seinen Händen? Und das eklige Angebrannte in der Bratpfanne und so?“ Fiona schüttelt sich voller Abscheu.

Eine lustige Vorstellung! Unser Opa Stefan am Spülbecken! Mit der langen Schürze? Die Omama musste ihm dann wohl beim Abtrocknen helfen?

„Wie habt ihr die Gläser zum Glänzen gebracht?“, interessiert mich.

„Damals war keiner so anspruchsvoll wie heute.“ Versonnen guckt Mama in ein verschmiertes Sektglas. „Trotzdem, es war irgendwie eine schöne Zeit.“

„Finde ich auch“, nickt unser Vierzigjähriger. „Wahrscheinlich kommt die in der Form nie wieder. Leider.“

„Hoffen wir ´s!“ Fiona meint das vollkommen ernst. Ach, du holdes Schwesterherz, kapierst mal wieder alles! Das denke ich lieber nicht laut. Unsere superschöne Fiona wüsste sowieso nicht, wie ich es meine.

„Übrigens kommen in den Kneipen die Biergläser nicht in die Spülmaschine.“

Aha? Unser Ober-Biertrinker weiß so was. „Warum, Paps?“ Fabian hält das für einen Scherz.

„Weil das scharfe Spülmittel den Schaum verdirbt, ja?“, vermutet unsere Mutter.

„Bingo, meine Kluge!“ Paps nickt anerkennend. „Man spült sie unter fließendem Wasser und poliert sie sorgfältig mit einem sauberen Geschirrtuch.“

„Aha! Muss ich mir merken. Warum hast du mir das nie gesagt, mein Schatz?“, fragt Mama.

„Haha. Er war vielleicht zu faul zum Gläserspülen und Polieren?“ Fiona grinst unseren Vierzigjährigen frech an. Der grinst verschmitzt zurück. Volltreffer, Schwester!

Kaum läuft die erste vollbeladene Maschine, versammeln wir uns zum Skypen mit den Nordlichtern. Die haben ja keine Ahnung, was uns heute Verrücktes passiert ist. Wir berichten alle fünf wild durcheinander.

Als Omi Rieke endlich mal zu Wort kommt, fällt ihr etwas ein. „Wollt ihr auch von uns was zum Thema hören?“ Klar wollen wir. „Eure Mutter konnte gerade die ersten Schrittchen alleine laufen. Wir sind zwei Wochen mit ihr im Wanderurlaub im Harz gewesen. Im damals richtig heißen Hochsommer war das. Euer Opi schließt die Tür zu unserer kleinen Dachwohnung auf. Ein ekliger warmer Gestank kommt uns entgegen. Aus der Küche? Ich stoße einen solchen Schrei aus, dass mein Hein denkt, da liegt mindestens ´ne Leiche auf dem Fußboden. Fast so schlimm war es auch. Es waren allerdings Nahrungsmittel-Leichen: Mehrere aufgeweichte Tiefkühlpackungen schwammen in ihrer eigenen Brühe. Mischgemüse, Fischfilet, Fleischportionen, Erdbeeren, Himbeeren … Und alles scheußlich dunkelgrün gefärbt vom Spinatsaft."

„Was war ´n da los, Omi?", fragen Fabian und Fiona atemlos.

„Tja, meine Lütten. Die Lösung ist ganz simpel: Der Strom war anscheinend ausgefallen, ziemlich lange. Jedenfalls lange genug, damit unsere eingefrorenen Vorräte antauen konnten. Als es wieder Strom gab, dehnten sich alle Packungen beim neuen Gefrieren ein bisschen aus. Und wir hatten den kleinen Gefrierschrank gut voll nach der Beerenernte im Frühsommer."

„Ha!" Mama hat den Geistesblitz. „Irgendwann hat ´s die Tür aufgedrückt. Die vorderen Packungen sind dann rausgefallen. Stimmt´s?"

„Stimmt, Tochter! Zum Glück sind nicht alle auf dem Fußboden gelandet. Unbrauchbar war allerdings unser ganzer schöner Vorrat. Ich hab laut geschrien und geheult vor Wut und Enttäuschung."

Das kann sogar der Finn sich lebhaft vorstellen. So was Hundsgemeines! Arme Omi Rieke!

„Echt? War alles kaputt? Wirklich alles? Auch euer Vanilleeis?" Fabian ist beeindruckt.

„Wirklich alles, mein süßes Fabilein. Auch das Schokoladeneis.“ Die Omi nickt. Ist ja lange her. Wütend ist sie jetzt bestimmt nicht mehr.

„Mit offener Tür kann der beste Gefrierschrank nichts mehr eiskalt halten“, sagt Paps. „Schon gar nicht oben unterm Dach, wenn ´s draußen knuffig heiß ist.“

„Wir brauchten Tage, um den fiesen Gestank rauszukriegen“, mischt sich Opa Hein in die Debatte ein. „Von meinem nächsten Weihnachtsgeld habe ich meiner Rieke eine schöne große Gefriertruhe gekauft. So ´ne Riesensauerei sollte es bei uns kein zweites Mal geben.“

„Weißt du das noch, Mamsi, mit der Riesensauerei?“ Im Schlafanzug hockt Fabian auf dem Klo.

„Logisch, süßes Fabilein!“ Ich tippe ihm auf die Stirn. „Mit ´nem Jahr hat unser schlaues Franzibaby das schon kapiert. Jajaja!“

„Selber jajaja, schlaues Finnchen!“ Das Fabilein zeigt mir seine lange Zunge und greift nach der Zahnbürste. Der elektrischen natürlich. Die funktioniert ja jetzt auch wieder.

Mama seufzt erleichtert: „Ach, Kinder, seid froh, wie harmlos dagegen unser Ohne-Strom-Sonntag gewesen ist. Meine arme Mutter musste damals sicher stundenlang die Küche aufwischen.“

Voll eklig, was? So viel Sauerei auf einmal! Und die nur, weil der Strom weg war. Das musst du dir mal vorstellen! Am meisten würde mich wütend machen, was alles im Mülleimer landen darf. Stell dir vor: Ne ganze verschimmelte Pizza! Noch fast volle Packungen mit deinem Lieblingseis ... und lauter so tolle Sachen. Hundsgemein, oder? Tja, wer soll das ahnen vorm Urlaub??

9. Kapitel: Flöten-Friedo

Ich bin nach diesem Ohne-Strom-Sonntag zum Im-Stehen-Einschlafen müde. Kaum habe ich mich unter meiner Decke zusammengerollt, fallen mir die Augen zu. Mein Bett bewegt sich leicht. Es fängt an sich zu drehen. Erst langsam. Dann etwas schneller. Es scheint vom Boden abzuheben. Ich kneife die Augen fest zu, wage nicht, mich zu rühren. Plötzlich ist hinter meiner Stirn ein Rauschen und Sausen, wird stärker und lauter. Rummms! Wir müssen wieder auf dem Fußboden gelandet sein. Das Rauschen und Sausen wird schwächer. Zögernd öffne ich ein Auge, blinzle in was Helles. Der Mond? Langsam setze ich mich auf. Sehe hohe Gräser, einen dicken Baumstamm. He, was gibt das? Ich schlafe doch. Was ist das für eine Melodie?

Neben meinem Bett steht ein Junge, streicht sich die langen gelben Haare aus dem Gesicht, mustert mich überrascht. „Wie kommst du hierher?“ Seine feine Stimme erinnert mich an Ilkas Gepiepse. „Hast du einen Namen?“

Upps! Einen Namen? Klar hab ich den! „Ich bin der Finn.“ Mein Krächzen klingt schaurig.

„Guten Abend, Finn!“ Der Typ streckt mir die rechte Hand entgegen. „Dein Name ist recht ungewöhnlich, nicht wahr?“ Hä? Wie redet der denn? Ich halte ihm meine Fingerspitzen hin. Er befühlt sie behutsam und lächelt mich an. „Flötenhände. Hast du sie mitgebracht?“

Ich gucke wohl nicht allzu geistreich. „Flötenhände? Wie meinst du das? Wer bist du überhaupt?

Und wen habe ich mitgebracht?“

„Man nennt mich Friedo, den Flöter. Aber wo ist deine Flöte, Finn?“

Verdattert sehe ich ihn an. „Flöte? Nee, du, so`n Teil hab ich nicht.“

„Dann spielst du sicher die Geige ganz wunderbar“, vermutet dieser Flöten-Friedo.

„Quatsch! Ich spiele höchstens Schlagzeug.“ Ich grinse unbeholfen, komme mir reichlich dämlich vor.

„Ist das eine Trommel, Finn?“ Der Typ lässt nicht locker.

„Logisch. Und Becken, Rhythmus und Verstärker ….“, kläre ich ihn auf. Manno, so was Simples weiß man doch! Aus welchem tiefen Urwald kommt der denn?

„Wo bin ich hier eigentlich, du Flöten-Friedo?“ Im Dunkeln kann ich keine zehn Meter weit sehen.

„Dort drüben erkennst du das Licht in unserer Tenne, Finn.“ Friedo zeigt Richtung Dreiviertelmond.

„Tenne? Ist das ein Bauernhof? Super! Kann ich mitkommen?“ Ich hopse aus dem Bett.

„Äh, - auch im Schlafanzug?“

„In der Nacht wird niemand uns begegnen, Finn. Komm, folge mir leise.“

Jetzt erkenne ich das schwache Licht auch. „Gibt´s hier keine Straßenlaternen?“, wundere ich mich.

„Straßen? … Laternen? Nein. So etwas kennen wir nicht, Finn.“ Friedo stapft durch die hohen Grashalme auf das

Haus zu. Durch ein schweres Holztor zieht er mich ins Innere, hin zu dem Licht.

Ich schaue mich neugierig um. Ein gewaltig hoher Raum scheint das zu sein. Wonach riecht es hier total gut? Woran erinnert mich das? Habe ich das laut gedacht? Denn Friedo sagt: „Ja, Finn. Wir haben reichlich Heu gelagert, dort oben auf dem Heuboden. Du erkennst diesen typischen Heugeruch? Es duftet würzig nach Wiesenkräutern, nicht wahr?“

Von einem lauten „Muh!“ zucke ich zusammen. Ein zweites „Muuuh!“ Ich lache erleichtert.

„Ach so. Ihr habt Kühe.“

„Ja, Finn. Sechs Rinder sind es, drei Gämsen und ihre Zicklein, sechs Mutterschafe mit sieben süßen Lämmern und vier Sauen mit ihren Ferkeln. Ich zeige sie dir, sobald die Sonne aufgeht. Jetzt aber sollten wir schlafen. Das Bett ist groß genug auch noch für dich.“

Er stupst mich an. Ich tappe ihm hinterher durch die Dunkelheit. Licht gibt ´s hier wohl keins?

Als ich wach werde, kitzelt mich ein warmer Sonnenstrahl in der Nase. Hatschi! Unter der großen Bettdecke ist außer mir niemand. Ich finde mich vor einem riesigen Eisenofen wieder, über dessen Feuerstelle an einem Haken ein schwerer Wasserkessel hängt. Dampfwölkchen steigen auf.

„Du hast sicher Hunger, Finn.“ Eine Frau taucht neben mir auf und reicht mir die Hand. He, ist hier Fasching? Das lange altmodische Kleid und diese komische Haube über den geflochtenen blonden Haaren. „Sind Sie … äh, ... die Mama von diesem Flöten-Friedo?“, stottere ich.

„Ja. Du darfst mich Hilda nennen, Finn.“ Die Frau schüttelt mir beide Hände.

„Hunger habe ich. Und wie!“, gebe ich zu. Schon steht eine Holzschale auf dem breiten Tisch vor der dunklen Eckbank. Nanu, der Löffel ist auch aus Holz? Argwöhnisch tunke ich ihn in den bräunlichen Inhalt der Schüssel. Bäh, wie sieht das denn aus? Ich schnuppere. Riecht nicht so eklig wie es ausschaut. Ich koste ein winziges bisschen. Hm, schmeckt nicht übel. Der Hunger treibt ´s rein, und mit jedem Löffel schmeckt diese Pampe besser.

„Wir süßen unseren Morgenbrei mit Rübensaft“, erfahre ich. Kenne ich nicht, schmeckt trotzdem.

Plötzlich steht Friedo neben mir. Ey, der rennt ja in genauso seltsamen Klamotten rum. Schuhe hat er keine an. Hinter ihm tauchen andere Köpfe auf, - alle mit langen hellblonden Haaren.

„Sind das deine Geschwister?“ Ich schnappe nach Luft, zähle hastig ab, komme auf neun! Die Mädchen auch in solchen Röcken bis auf den Boden. Ich darf neun Hände schütteln.

Ich berichte von Fiona und Fabian und wo wir wohnen. Die Kinder kommen näher, mustern mich aufmerksam von oben bis unten, befühlen die Ärmel von meinem knallblauen Schlafanzug.

„Schöner weicher Stoff“, sagt das größte Mädchen.

„Schöne bunte Farben“, sagt ein Junge mit wirren Locken.

„Schöne Bilder“, staunt das Kleinste und tippt seine dicken Fingerchen an den knallroten Ferrari mitten auf meiner Brust.

Na, klasse, dann bin ich ja hier exakt richtig angezogen. Ich verkneife mir lieber ein freches Grinsen.

„Kommt, lasst uns spielen!" Husch ist die ganze Truppe verschwunden.

„Spielst du mit uns, Finn?", fordert Friedo mich auf.

„Fußball?", rutscht es mir raus. Tja, denkste, Finn! Auf der Wiese vor dem Haus hüpfen alle Geschwister im Kreis herum. Sie halten sich an den Händen und singen dazu eine fröhliche Melodie. Schon hat Friedo seine Flöte hervorgezaubert und spielt die Töne mit. Wow! Das klingt irre! In meinen Füßen zuckt es. Schon hält mich an jeder Hand ein größeres Mädchen.

Automatisch bewege ich mich mit im Kreis. Das Gras kitzelt meine Füße durch die Strümpfe.

Ey, Tanzen bringt ja voll Laune! Zwischen den Gesang und die Flötentöne schiebt sich eine neue Melodie. Ich lasse erschrocken die Mädchenhände los. Wie kommt auf einmal mein Handy hierher? Ich halte es ans rechte Ohr. „Finn! Hallo, Junge. Wo steckst du?" Fionas aufgeregte Kreischstimme lässt mich stutzen. „Hier. Bei Friedo. Was ′n los?"

„Sag mal, spinnst du?" Ich höre empörtes Schnaufen. „Mach dich heim, Junge! Aber dalli! Mamsi sucht dich überall!!"

Hä? Was soll das jetzt? Ich lasse das Handy ins Gras plumpsen. Die Kinder kommen näher, starren es an, lauschen der aufgeregten Stimme meiner Schwester. Starren mich an. „Was ist das?", fragt das große Mädchen. „Wer spricht da?"

„Fiona", sage ich. „Ich muss nach Hause. Sofort."

In meinem Kopf ist wieder dieses Rauschen und Sausen. Der Kreis löst sich auf, das Gras verschwindet ...

Etwas kitzelt mich an der Nase. „Aufstehen, Finn-Schlafmütze! Frühstück! Wieder mit Strom, hihi!“

Ich blinzle ins helle Sonnenlicht. Äh! Wo ist der Friedo? Wo sind die anderen Kinder? Wo ist die Flöte?

„Haste was geträumt?“ Hinter Fiona taucht Fabians verschmitztes Lachen auf.

„Scheint so.“ Ich reibe mir die Traumreste aus den Augen.

Mit vollem Nutellatoastmund versuche ich, mich an diese merkwürdigen Traumkinder zu erinnern.

„Voll altmodische Sachen hatten die an. Und getanzt haben sie und ulkige Babylieder gesungen. Und der Friedo hat Flöte gespielt.“

Mama streicht mir durchs Haar. „Sicher ein wunderschönes Land“, seufzt sie. „Ich denke, das ist lange, lange her.“

„Weiß nich“, gebe ich zu. „Hatte keine Zeit, den Friedo so was zu fragen.“

„Jede Wette bei denen gab ´s kein bisschen Strom?“, überlegt Fabian.

He, wie kommt er ausgerechnet darauf? Ich bemühe mich, die Traumbilder zurückzuholen. Aber je angestrengter ich grübele, umso mehr lösen sie sich auf. „Nee, ich glaube, die hatten noch nicht mal Lampen, auch nicht auf der Straße. War ganz schön dunkel bei denen. Kerzen standen auf dem Tisch und an der Wand hing so ´ne Art Fackel. Und der Herd war riesig.“

Ich beschreibe Kohleofen und Wasserkessel so genau wie möglich. „Dann hat mein Handy sie erschreckt. Also die laute Stimme, die da rauskam.“

„Ey! Warst du auf ′ner Zeitreise, Finn?" Fiona reißt die Augen weit auf. Wir starren sie ungläubig an.

Wie kommt sie darauf? Ist das möglich? In einem Traum? Unruhig reibe ich meine Stirn. „Zuerst war da ein starkes Rauschen und Sausen in meinem Kopf", erinnere ich mich jetzt wieder genau.

„Wow! Affenstark! So Zeug will ich auch träumen." Fabian sprüht vor Begeisterung.

Tja, Brüderlein, wenn das so einfach wäre! Ich muss über seine komische Mimik lachen und stecke die anderen an. Paps klopft mir auf die Schulter. „Hat unser Ohne-Strom-Tag dich dermaßen beeindruckt, dass du ihn sogar im Schlaf nicht vergessen konntest?"

„Muss er wohl", sage ich. Schade! Wäre das doch in echt gewesen mit diesen fremden Kindern. Ich hätte noch eine Menge Fragen an den Flöten-Friedo und seine vielen Geschwister. Ob ich wohl noch mal von ihnen träumen kann?

Sag bloß, du kennst auch so dämliche Träume?? Muss so was wie ′ne Zeitmaschine gewesen sein, oder? Warum kann man nicht am nächsten Abend genau da weiterträumen, wo man aufgewacht ist?

Ich wüsste zu gerne viel mehr über diese merkwürdige Friedo-Familie. Glaubst du mir unbesehen, ja?

10. Kapitel: Heute und früher

Im Erzählkreis am Montag in der ersten Stunde berichten die meisten Kinder von diesem tollen Ohne-Strom-Sonntag. Unsere Lehrerin, die im Nachbarort wohnt, hört gespannt zu. „Na, so was Spannendes! Das war sicher ein besonders aufregender Tag für euch. Passt der nicht prima zu unserem nächsten Sachkundethema?“, erinnert sie uns.

„Der elektrische Strom, stimmt ´s?“, frage ich. Sie nickt mir lächelnd zu. „Stimmt haargenau, Finn. Und ihr alle könnt euch bereits auf dieses wichtige Thema vorbereiten.“

Ach nee!?

Noch mehr Vorbereitung als der Tag gestern? Wie geht das denn?

„Und wie?“, wollen wir wissen.

„Ganz simpel. Ihr schreibt einfach nur auf, was bei euch daheim gestern nicht funktionieren konnte.“

„Weil nämlich kein Strom da war“, tönt es von hinten.

„Logisch! Ohne Strom nix los!“, platze ich raus.

„Richtig, Kinder. Ohne den Strom klappt vieles in unserem modernen Haushalt plötzlich nicht mehr. Und genau das konntet ihr gestern feststellen. Also, bitte schreibt es auf, so wie ihr es erlebt habt.“ Und genau das tue ich. Sehr gründlich natürlich. Mama, Paps, Fiona und sogar Fabian beraten mich gerne. Meine Liste wird nämlich ziemlich lang. Das ist uns vor lauter Geburtstag an diesem Ohne-Strom-Sonntag gar nicht richtig klar geworden.

In der nächsten Sachkundestunde vergleichen wir. Jeder hat eine ausführliche Liste mitgebracht. Alle haben so ziemlich die gleichen Sachen darauf stehen. Mein Friedo-Traum fällt mir ein. Ich soll ihn erzählen. Mucksmäuschenleise hören sie mir zu.

„Dein Traum, lieber Finn, ist genial!“, lobt mich die Frau Bach. Dabei kann ich eigentlich nix dafür. War halt nur ein alberner Traum. Hab mir den doch nicht ausgesucht. Aber Lob ist Lob!

„Mir fällt auch gleich etwas dazu ein“, reißt mich die Lehrerstimme aus meinen Traumgedanken. „Könnt ihr euch denken, was das sein kann?“

„Na ja, vielleicht …“, beginne ich. „Weil … in meinem Traum hatten die Leute wohl noch gar keinen elektrischen Strom.“

„Die mussten alle ohne Licht auskommen, zum Beispiel!“ Eifrig unterbricht Max meinen Vorschlag.

„Ja. Ohne Wasserkocher auch, und es gab keinen E-Herd“, erinnere ich mich.

„Und natürlich noch keine Handys“, ruft Tom rein.

Schon greift Frau Bach zum bunten Tafelstift und notiert die Überschrift:

Mit Strom – heute *Ohne Strom – früher*

Das gibt eine spannende Liste auf beiden Seiten! Spaß macht es zu vergleichen, wie die Menschen vor uns, also vor mehr als hundert oder tausend Jahren, ohne Elektrizität auskommen mussten.

Einfach war das bestimmt nicht, stellen wir fest. Deutlich sehe ich Friedo und seine Familie vor mir. Sie kannten es damals eben nicht anders.

„Ich bin ganz schön froh, weil ich jetzt lebe und nicht früher“, meint Alissa.

„Ich auch!“, stimmen die anderen zu.

„Gewiss, Kinder. Doch manches hatte sicher auch einen Vorteil“, meint die Frau Bach. Wir überlegen, bis sie uns einen kleinen Tipp gibt: „Denkt mal an den dauernden Lärm in unserer Umwelt, über den wir uns so oft beschweren.“

„Flugzeuge?“, vermutet Tom. - „Und die vielen dicken Brummis!“, ruft Tobias. - „In ′ner Disco!“, tönt Markus. - „Pressluftbohrer?“, fragt Sarah. - „Und überhaupt große Baumaschinen“, ergänzt Tim.

Frau Bach nickt erfreut. Dann wird sie ernst. „Seht ihr öfter mit euren Eltern die Nachrichten oder schaut immer mal in die Zeitung?“

Mehrere Finger gehen hoch. „Dann wisst ihr sicher, wieviele Menschen auch heutzutage ohne Strom leben müssen.“ Logo, das wissen wir alle. „In Afrika. Und da wo Krieg ist“, sagt Sabrina.

„In Syrien. Wenn alles kaputtgeschossen ist.“ Schon sind wir mittendrin in der Diskussion.

Bis ich auf mein Handy schaue. Pünktlich 10:32. In genau drei Minuten gongt es zur Pause. „Gleich gongt′ s!“, lasse ich alle wissen.

„Danke, Finn!“, lobt Frau Bach. „Unsere neue Hausaufgabe hat jeder begriffen?“ Klar doch, liebe Frau Bach! Der Finn grinst in die Runde.

Auch diesmal sitzen wir zu fünft um den Küchentisch, kauen frisches Popcorn und lassen unsere Köpfe rauchen. Wer hätte geahnt, wie viel uns auch zu dieser Aufgabe einfällt.

Hast du Lust, deinen Kopf auch mal rauchen zu lassen? Macht voll Laune!
Bestimmt wird deine `Heute – Früher – Liste´ fast genauso lang wie unsere `Zu – Fünft – Hausaufgabe´.
Du glaubst kaum, wie alle Wellners sich an dem Thema sozusagen `festgekaut´ haben.
Sogar mein Fabi-Bruder hatte echt clevere Einfälle.
Die verrate ich nicht, - logisch! Kommst du irgendwann selber drauf. Garantiert!

11. Kapitel: Elektrus, der Geniale!

Noch beim Einschlafen saust mein Kopf. Ich erlebe heftigen Blödsinn in dieser Nacht. Bin ich mitten in ´ner Demo gelandet? Was sollen die großen bunten Plakate?

Ein kleiner, dünner Mann winkt mich zu sich. Wie sieht der denn aus? Sein zwei Nummern zu großer blauer Overall schlabbert an ihm rum. Strähnige Haare hängen bis auf seine spitze Nase. Wie ´ne Comicfigur, fällt mir ein. Er beugt sich zu mir, zischt mit einer hohen Krächzstimme: „Hör mir zu, Finn!"

Ey, woher kennt der mich? Ich will diese Vogelscheuche abhängen. Er folgt mir wie ein Schatten. Kein Mensch und keine Plakate sind mehr zu sehen. Außer uns beiden. Der Typ zupft an meiner Jacke.

„He, lass mich los, du Spinner!" Ich fühle, wie ich wachse. Wahnsinnsschnell. Bin ein Riese neben ihm. „Merkst du deine neuen Kräfte, Finn?" Die Stimme dröhnt jetzt dunkel in meine Ohren.

„Wie … äh … Kräfte?" Ich beuge den rechten Arm. Mensch, solche Muckis hab ich plötzlich, Wie ´n Samurai-Ringer!

„Du wirst sie brauchen, Finn!"

„Wer … bist du?", frage ich.

„Ich zaubere alles, was mit Elektrizität zu tun hat", ist die Antwort.

Ich starre zu ihm hinunter. „Du bist … ein Zauberer?"

Schon ist jetzt *er* einen Kopf größer als ich und nickt mir von oben vergnügt zu.

„Ein Stromzauberer?" Ich fasse es nicht. So was gibt es ja gar nicht!

„Das verwundert dich logischerweise. Du kannst mich Elektrus nennen. Sag nur, Finn, du hast noch nie vom genialen Elektrus gehört?"

Hab ich nicht. Das wüsste ich ja wohl. Ach so, hat das vielleicht mit diesen winzigen Elektronen-Teilchen zu tun?

„Allerdings, Finn", nickt der Zauberer. Wieso nickt der? Habe ich eben laut gedacht oder was?

Er fuchtelt mit einem langen schwarzen Kabel vor meiner Nase herum. „Was glaubst du, wo der Strom herkommt? Jeden Tag. Jede Nacht. Das ganze Jahr hindurch. Ohne die kleinste Pause."

„Das machst du, genialer Elektrus?" Haha! Schön wär ´s! Bin ich denn bescheuert? Dieser Angeber spinnt doch total!

„Elektrus, der Geniale, kann es dir beweisen, Finn."

„Warum hast du diesen Blaumann an? Wo ist dein Zaubermantel? Sag bloß, dieser komische gelbe Helm soll dein Zauberhut sein!"

„Den genialen Elektrus muss nicht gleich ein Jeder erkennen, weißt du. Für einen Arbeiter von der Baustelle hast du mich gehalten im blauen Arbeitsanzug, nicht wahr?"

Aha! Inkognito also der Typ! Hab ich ´s geahnt.

Ich nicke: „Aha! Wieso kann dann ausgerechnet ich, der Finn, dich erkennen? Bin ich kein `ein Jeder´?"

Natürlich nicht, erfahre ich und wachse gleich noch ein Stück weiter.

Erschrocken peile ich auf mein Handy. Genau 9:29. Müsste ich nicht in der Schule sein? Ist doch kein Sonntag?

„Das musst du heute nicht, Finn." Nanu, kann der echt meine Gedanken lesen?

„Aber … gleich ist große Pause und …" Muss ich das kapieren?

Er kichert listig. „Vergiss die Schule für heute, Finn. Bei Elektrus, dem Genialen, lernst du weitaus mehr als in eurem Schulzimmer. Logischerweise!"

Na, guter Mann, eingebildet bist du gar nicht, du Hirni. Warum auch nicht? Langsam macht mir dieser Zauber-Typ direkt Spaß.

„Pass jetzt bitte genau auf, Finn! Die Zaubershow kann beginnen. Bühne frei für Elektrus, den Genialen, und seine berühmten Strom-Akrobaten."

Der ulkige Elektronen-Typ, den ich `Elektrus´ nennen soll, schwingt sein langes schwarzes Kabel in gleichmäßigen Bögen. Gibt das jetzt Seilchenspringen, oder was?

Vor uns wird es lebendig. Ein grelles Licht strahlt schwebende Gegenstände an. Ich blinzle. Dicht vor meiner Nase bewegt sich was hin und her. Ist das nicht Mamas Rührgerät? Zwischen den Knethaken hält es eine rote elektrische Zahnbürste fest. „He, die gehört Fabian!", will ich protestieren. Kein Ton kommt raus.

Ist da ein leiser Rhythmus? Das glaub ich jetzt nicht! Die beiden bewegen sich im Takt dazu. Genauer gesagt: Sie tanzen! Erst langsam, … schneller, … im Kreis herum. Ihre zwei Kabel mit den weißen Steckern ringeln sich dazu wie Schlangen. Auf und ab. Um sie herum. Über sie hinweg. Unter ihnen hindurch. Ohne dass die Stecker sich berühren.

Der Zauberer stampft mit den Füßen diesen seltsamen Takt mit und klatscht fröhlich in die Hände. Ich blinzle heftiger. Schwebt da unser Toaster auf mich zu? Auf ihm balanciert … upps! ... der Wasserkocher?? Die beiden schaffen einen perfekten Doppelsalto … und einen zweiten und dritten. Ich blinzle noch heftiger. Unser blauer Staubsauger kommt angeflogen. Fionas pinkfarbener Föhn schlingt sein Kabel um den grauen Schlauch und pustet eine dichte Staubwolke in meine Richtung. Ich muss laut niesen. Dreimal hintereinander. Erscheinen als nächstes der Kühlschrank und die Mikrowelle und tanzen Salsa? Um die Wette mit Papas Bohrmaschine und Mamas Lockenstab? Als \`Dancing Stars´? Oder schwenkt der Fernseher die Waschmaschine herum? Und vielleicht der Kaffee-Automat das Bügeleisen? Mich wundert gar nix mehr!

Denkste! Lautes Finn-Niesen mögen die anscheinend alle nicht. Schwupp! Alle Tänzer sind weg. Abgetaucht in der Staubwolke. „Halt! Wartet!“, will ich rufen.

Bloß dieser riesige Elektrus steht dicht neben mir. Seine dunklen Augen über mir funkeln. Jetzt spöttisch? Er hält mir das lange schwarze Kabel direkt vors Gesicht. Das eine Ende drückt er mir in die linke Hand. „Halte es so fest du kannst, Finn! Mit beiden Händen.“ Sofort ist eine solche Power in meinen Armen, dass es mich fast zerreißt. Wie Feuer brennt diese schwarze Kabelschlange in meinen Körper hinein, in die Schultern, hoch in den Nacken. Ich will schreien. Da kommt nix. Stehe ich unter Starkstrom? Hunderttausend Volt?? Keuchend kämpfe ich mit dem Teil. Es wird länger, heißer, …

Ich will es diesem lachenden Zauberer um seine großen, weit abstehenden Ohren schlagen. Sehe sein zufriedenes Grinsen. „Gut so, Finn! Festhalten! Nur ganz, ganz fest halten!“

Wer rüttelt an meiner Schulter? „Raus mit dir, Schnarchnase!“ Ich brauche einen langen Moment. Komme schwer zurück aus diesem Scheißtraum. Beim Frühstück will ich mich erinnern an diesen genial-verrückten Strom-Zauberer mit der schwarzen, glühenden Schlange. Und an unseren schwebenden Staubsauger, den Salto schlagenden Toaster und so.

Mama lacht: „Das wär ´s doch! Einer kann uns den Strom herzaubern. Umsonst womöglich?“

„Und wupps sind alle Kraftwerke arbeitslos“, freut sich Paps.

„Und trallala, wir sparen ´nen Haufen Euro.“ Fiona knetet ihre Locken. „Warum träume ich nie so fetziges Zeug? Mein Föhn kann tanzen, hahaha!“

„Weil du von deinem süßen Märchenprinzen träumen musst.“ Fabian kann sich das Stänkern nicht verkneifen. „Der kann auch tanzen, bloß nicht fliegen. Salto auch nicht, hihi!“

„Ha, besser als von Playmobilautos träumen, du Baby“, kontert Fiona bissig. „He, Leute, vor lauter Träumen verpassen wir den Bus!“

Oh, Schreck! Schon genau 7:13! Noch exakt vier Minuten und zweiunddreißig Sekunden zum Bushäuschen. Im Schweinsgalopp!

„Vorschlag vom Chef des Hauses: Soll ich euch fahren? Muss doch meinen Sonderurlaubstag zur Vierzig mit ´ner guten Tat beginnen.“

„Zur Schule? Au ja, Paps!“ Fabian saust als Erster zu seiner roten Zahnbürste. Fiona ist dicht hinter ihm.

Noch in den ersten zwei Stunden sitzt dieser geniale Elektronen-Elektrus mit der glühenden Kabelschlange fest in meinem fies brummenden Kopf. Nach der großen Pause ist Sachkunde.

Die Lehrerin möchte wissen, nachdem sie unsere Hausaufgaben gelobt hat: „Wo kommt der Strom eigentlich her? Wisst ihr das auch schon?“

„Vom Zauberer Elektrus“, höre ich mich sagen. Laut und deutlich rutscht es mir raus. Mir schießt das Blut bis in die Haarspitzen. Voll peinlich, wie alle mich anstarren. Als hätte ich ′ne hübsche Blaumeise im Oberstübchen. Sozusagen peinlich hoch unendlich? Eher nicht!

Tom prustet los: „Zauberer! Kicher, kicher!“

Max meint trocken: „Was ham wir gelacht, Mensch, Finn!“

Meine Stirn ist fast so heiß wie vorhin in diesem Traum. Ich kneife die Augen fest zu. Fühle die Lehrerinhand weich auf meinen Haaren. „Möchtest du etwas erzählen, Finn?“

Keiner lacht zuerst, als ich die Reste von meinem Traum zusammenkratze.

Bei den tanzenden Elektrogeräten geht natürlich das Gejohle los.

„Stark!“, gluckst jemand hinter mir.

„Buff! Is ja besser als Comic-Kino!“, gluckst ein anderer.

Tja, Leute, der tolle Finn mal wieder! „So was träume halt nur ich“, denke ich stolz.

„Wie schade, dass es deinen Strom-Zauberer nur in unseren Träumen geben kann, Finn.“ Frau Bach lächelt mir zu.

„Dann brauchten wir sämtliche großen Kraftwerke gar nicht."

„Nee, das geht nicht! Mein Papa wäre ja arbeitslos", beschwert sich Jenny.

„Dein Vater ist ein ziemlich wichtiger Mann beim Elektrizitätswerk, nicht wahr, Jennifer?", fragt die Frau Bach.

„Aber kein Zauberer", kichert Alissa. Dann gongt es zur Wechselpause und wir schnappen unsere Sporttaschen.

Noch tagelang spukt dieser dämliche, nix geniale Elektronen-Elektrus durch meine Tagträume. Ich stelle ihn mir jetzt so großartig vor wie die riesigen Strommasten bei den Überlandleitungen. Opas bunter Papierdrachen fällt mir ein, wie er da festhängt an der spitzen Zauberernase. Elektrus winkt mir mit seinen blauen Overallarmen von hoch oben lachend zu. Tja, Leute, mir! Nur mir, dem supertollen Finn!

Später zeigt Frau Bach uns Fotos von den unterschiedlichen Kraftwerken. Sie alle erzeugen unseren Strom. Im Sachkundebuch lesen wir zusammen den Lerntext.

Abends bitte ich Papa, mit mir zum Stichwort `Kraftwerke´ zu googeln. Gewaltig! Müsst ihr auch mal machen! Hätte nie gedacht, wie kompliziert das Strom-Thema wird. Das bisschen Info, was in meinen Sachkundebüchern darüber steht, ist voll der Witz. Naja, wir sind halt erst in der Vierten. Später, also in der anderen Schule, kommt da garantiert viel mehr.

Nach zwei Tagen fangen wir endlich an mit den ersten Strom-Experimenten. Wir sehen das Thema mit anderen Augen, während wir den einfachen Schalter umlegen, um unseren kleinen Stromkreis zu schließen oder zu öffnen. Große Freude bei uns Bastlern, wenn die Mini-

Glühbirnchen aufleuchten. Oder auch nicht, weil dann der Stromkreis noch offen ist und die winzigen Elektronen sich nicht gegenseitig anschubsen können. Nix mit Durchfließen also, stelle ich mir vor.

Ich mache garantiert mal was mit Strom. Wenn ich mit der Schule fertig bin. Jede Wette!

„He, Leute! Ich mache später garantiert was mit Elektrizität. Da bin ich mir ganz schön sicher", höre ich die energische Stimme vom Lorenz. Sein Vater arbeitet nämlich auch beim E-Werk.

„Ey, das isses! Ich auch!" Max und Tom klatschen begeistert. Obwohl Max eigentlich schon lange Pilot werden wollte. Und Tom unbedingt zur Polizei gehen will. Eigentlich!

„Großartig, Jungs! Und sogar ihr Mädchen habt in solch einem wichtigen Beruf prima Chancen." Frau Bach findet unsere Strom-Berufswünsche okay.

Na, dann! Willkommen im Strom-Club, boys and girls! Das Thema ist halt so was von geil, würde der liebe Conni sagen. Jede Wette! Macht mich jedenfalls total an! Ist für mich irgendwas von hoch hunderttausend! Kannst du verstehen? Wäre auch was für dich? Na, Mensch, vielleicht sind wir später mal Arbeitskollegen??

12. Kapitel: ACHTUNG – STROMABSCHALTUNG!

Ein paar Tage später bringt der Postbote einen Brief vom Stromwerk. „ACHTUNG STROMABSCHALTUNG!“, buchstabiert Fabian neugierig. „Uppsi! Wieso, Mamsi? Der war doch erst weg.“ Er schaut sie ratlos an. Fiona und ich kapieren das auch nicht, bis Mama uns vorliest:

„Sehr geehrter Herr Wellner! Für die Qualität und Sicherheit der Stromversorgung bauen wir das Stromnetz laufend weiter aus oder führen Instandsetzungsarbeiten durch. Dazu ist in bestimmten Fällen eine lokale Abschaltung im Stromnetz unbedingt erforderlich.“

Aha! Also wieder mal ein Ohne-Strom-Tag? Wie bescheuert hoch hundert ist das denn?? Okay, wenn es halt sein muss! Ich sage mal besser nix dazu.

„Wann?“, fragt Fiona und lässt sich den Infozettel geben. „Montag, den 24. 4., von 9:00 bis 9:30 Uhr. Hallo, aber hier noch mal: Am Donnerstag, den 27. 4., von 12:30 bis 16:30 Uhr.“

„Das ist ja gar kein ganzer Tag“, stellt Fabian fest.

„Natürlich nicht“, sagt Mama. „Vier Stunden reichen wohl, oder?“ Das stimmt. Ich rechne fix. Ja und? Das ist noch fast zwei Wochen hin. Warum schreiben die uns das jetzt schon?

„Die sagen aber früh Bescheid“, fällt es auch meiner schlauen Schwester auf.

Mama nickt. „Das ist normal. Man soll sich eben rechtzeitig darauf einstellen können.“

„Weil wir vier Stunden nix gucken können“, fällt meinem cleveren Bruder ein.

„Armer Kurzer!“, bedaure ich ihn. „Musst vier Stunden Playmobilmännchen spielen!“

Er zieht mir seine alberne Fabi-Fratze. „Kannste mir nich vier Stunden Benjamin Blümchen vorlesen, Langer? Hihi! Oder Bob Baumeister!“ Das könnte ihm so passen.

„Wie wär ´s mit einem ausführlichen Spielenachmittag?“, schlägt unsere kreative Mutter vor. „Hoffentlich im Garten?“

Ich wäre für Schwimmbad. Na gut, warten wir diese lokale Stromabschaltung mal ab.

„Auf jeden Fall werde ich eine große Thermoskanne Früchtetee auf Vorrat kochen“, überlegt Mama.

„Und an dem Donnerstagmittag gibt es leckere Gemüsesuppe. Die kann ich am besten warmhalten. Ich will euch doch nicht verhungern lassen, wenn ihr mit leerem Magen aus der Schule kommt.“

Und zum Nachtisch deinen berühmten Vanillesahnepudding mit Obstsalat? Ach, du gute Mamsi! Was wären deine armen Wellner-Babys ohne dich? Wir zwinkern uns alle drei zu.

„Hat das noch was mit dem kaputten Kabel vom Ohne-Strom-Sonntag zu tun?“, fällt mir ein.

„Ich glaube nicht“, vermutet Mama. „Unser Stromnetz ist eine komplizierte Angelegenheit. Das müsste euch die Frau Bach doch beibringen, wenn ihr gerade über die Elektrizität sprecht.“

Okay, dann lasse ich mir diesen Infozettel am besten mitgeben und zeige ihn den anderen.

Da bin ich nicht der Einzige. Frau Bach ist überrascht, denn sieben Kinder möchten ihr die Mitteilung vorlesen. „Danke, weil ihr mitdenkt“, lobt sie uns. Alissa darf ihren Text laut vorlesen.

„Ihr seht, Kinder, solche Instandsetzungsarbeiten müssen regelmäßig durchgeführt werden.“ Frau Bach setzt zu einem längeren Vortrag an.

„Sonst sitzen wir wieder einen ganzen Tag ohne Strom herum“, meint der Tobi.

„Allerdings, Tobias.“ Unsere Lehrerin nickt. „Jeder Haushalt soll doch immer, das heißt rund um die Uhr mit Strom versorgt sein. Dazu sind viele Mitarbeiter nötig. Das ist eine große Verantwortung, wie ihr euch denken könnt.“

Tja, Frau Bach, und einer von diesen Mitarbeitern bin dann ich. Der Finn. Irgendwann! Jede Wette!

Dann sorge ich, der liebe Finn Wellner, nämlich mit dafür: Ihr bekommt alle - garantiert und regelmäßig - von uns den kostbaren Strom. Und müsst möglichst wenige Ohne-Strom-Tage erleben. Natürlich niemals wieder einen heiligen Ohne-Strom-Sonntag! Fest versprochen!!!

Sag mir jetzt bloß nicht, du hast so was Ähnliches auch schon erlebt. Echt? Nicht geflunkert?

Okay, will ich dir glauben. Weißt du was? Musst du dringend auch aufschreiben.

Fang am besten gleich damit an. Sonst hast du vielleicht die Hälfte schon wieder vergessen.

Viel Spaß dabei, - beim Aufschreiben, meine ich, - wünscht dir dein neuer Freund, der tolle Strom-Finn.

NACHWORT

Du lieber Leser!

Sonntagmorgen. Lange ausschlafen. Gemütliches Familienfrühstück. In der heißen Pfanne zerläuft die Butter für das Rührei. He, warum will das nicht fest werden? Und wer hat die Leuchte über der Herdplatte ausgemacht?

Oder abends, nach einem heftigen Sommergewitter, ist in der ganzen Wohnung plötzlich kein Licht. Und der Fernseher gibt an der spannendsten Stelle vom Film seinen Geist auf. Her mit der Taschenlampe! Wo ist das Feuerzeug? Wo sind die Kerzen?

Nein, eine Sicherung ist nicht rausgesprungen. Ach so, bei den Nachbarn ist auch alles finster!

„Na toll! Dann ist wohl der Strom weg??"

Wie lange wird es dauern, bis er wieder da ist? Fällt er über mehrere Stunden aus, wird es problematisch. Fast nichts funktioniert nämlich mehr in unserem Haushalt ohne Elektrizität.

Denk drüber nach! Du merkst: `Upps, was so alles nicht mehr geht, ist der Strom mal abgedreht´.

Ein unangenehmes Gefühl! Vor allem, weil keiner weiß, wann er wiederkommt.

Eine sogenannte `Stromunterbrechung´ wird ja vom E-Werk rechtzeitig angekündigt. Mit genauer Zeitangabe. Darauf müssen wir uns einstellen. Atmen auf, wenn diese Strom-freie Zeit vorüber ist.

Können (und wollen!) wir eigentlich alles das per Hand schaffen, was unsere Helfer im Haushalt für uns leisten? Das schmutzige Geschirr selber spülen, im Spülbecken? - Igitt! Nein, muss nicht sein!

Kuchenteig mit allen zehn Fingern kneten? Oder womöglich die Sahne mit dem Schneebesen schlagen? Wie albern ist das denn?

Morgens ohne Wasserkocher, Toaster und Kaffeemaschine? Das geht doch gar nicht!

Kocht ihr etwa noch auf einem Holzofen? Seid ihr auch hilflos ohne Staubsauger, elektrischen Dosenöffner und Haartrockner?

Fühlen wir uns nicht ohne elektrisches Licht so ähnlich wie ein Baby ohne seine Mutter?

Aber so stressig ein langer Ohne-Strom-Tag sein mag. Sogar bei einem Haus voller Geburtstagsbesuch ist er zu meistern. Mein Geheimtipp: Geduld, Humor und Optimismus!

Viel Lese-Spaß mit Finn und seiner großen Familie an diesem verrückten `Ohne-Strom-Aprilsonntag´ wünscht dir deine

Gunhild Thalheim

Gunhild Thalheim, Jahrgang 1944, schrieb ihr erstes Kinderbuch `Segelsommer mit Angelika´ bereits vor vierzig Jahren, damals im Werra-Meißner-Kreis.
Seitdem fallen ihr immer neue, oft recht fantasievolle Geschichten ein. Für dieses neuste Buch, das zwölfte im Rediroma-Verlag, kam die Idee an einem Frühlingssonntag mit mehrstündigem Stromausfall.
Seit über zehn Jahren lebt die ehemalige Grundschullehrerin in Tirol. Ihre drei Kinder und drei Enkelbuben sind ihre kritischsten Leser und Zuhörer.